Herbert Mayr

40 km
rund um Ulm

Traumtouren
zwischen Ostalb
und Oberschwaben

- **Wandern**
- **Rad fahren**
- **Entdecken**

W0247515

Silberburg-Verlag

Umschlagfoto: An der Blau bei Klingenstein
Foto Seite 2/3: Am Sontheimer Kraterrand (zu Tour 1)

Herbert Mayr
geboren 1953, ein seit vielen Jahren ins Schwabenländle verliebter Allgäuer, studierte
Vermessungswesen und arbeitet heute als freier Buchautor im Ostallgäu (Mitarbeiter bei
den Zeitschriften »Schönes Schwaben« und »Das schöne Allgäu«, rund 40 Rad- und Wan-
derführer). Zu seinen Hauptaktivitäten zählen neben Radeln und Wandern auch Bergstei-
gen und Skitouren gehen.
In seinen im Silberburg-Verlag erschienenen Büchern »Zwischen Alb und Bodensee« und
»70 km rund um Stuttgart« beschreibt Herbert Mayr Traumtouren rund um Stuttgart und
bis hinunter zum Bodensee. Farbfotos und Karten ergänzen die unterhaltsamen Beschrei-
bungen.

2. Auflage 2007

© Copyright 2002/2007 by Silberburg-Verlag Titus Häussermann GmbH,
Schönbuchstraße 48, D-72074 Tübingen.
Alle Rechte vorbehalten.

Alle Wegbeschreibungen erfolgen nach bestem Wissen und Gewissen. Autor und Verlag
können jedoch keine Haftung übernehmen, auch nicht bei etwaigen Unfällen.
Die Benützung dieses Buches geschieht auf eigenes Risiko.

Umschlaggestaltung: Frank Butzer unter Verwendung eines Fotos von Herbert Mayr.
Bilder im Innenteil: Herbert Mayr.
Kartengrundlage: Topographische Karte 1 : 100 000, © Landesvermessungsamt
Baden-Württemberg (www.lv-bw.de), 21.02.02, Az.: 2851.2-D/128.
Druck: Grammlich, Pliezhausen.
Printed in Germany.

ISBN 978-3-87407-511-4

Besuchen Sie uns im Internet
und entdecken Sie die Vielfalt unseres Verlagsprogramms:
www.silberburg.de

Fünfundzwanzig Mal Rad fahren (grüne Punkte), wandern (braune Punkte) und entdecken

1 Heidenheim

2 Geislingen

6

7

Brenz

3

5

8

Langenau

Günzburg

Blaubeuren

9 12 14 15 Donau

10 Ulm 22

13 Neu-Ulm

Senden 11 Weissenhorn

Ehingen 20 Günz

17 Vöhringen 23 24

16 Laupheim Krummbach

21 Illertissen

Riß Rot

18

19 25

Biberach

Inhalt

Vorwort

Im nahen und weiten Umkreis der Münsterstadt Ulm, vom Albuch bis ins Unterallgäu, stellt dieser informative Wegbegleiter 25 meist weniger bekannte und unterhaltsame Entdeckungstouren vor.

Mal auf Schusters Rappen, mal im Fahrradsattel unterwegs, enthüllen die unterschiedlichsten Landschaften ihre Reize: die Ostalb bis hinauf zum Filstal und Steinheimer Becken, die Münsterstadt selbst, Blautal und Hochsträß, die Donau zwischen Lautertal und Donauried. Aber auch die Täler von Riß und Rot, Iller, Biber und Günz: also das nördliche Oberschwaben und Bayerisch-Schwaben – bislang kaum in Freizeitführern behandelte Regionen.

Sorgfältig erkundet und detailliert beschrieben, sind diese Genießerrouten leicht nachvollziehbar.

Natur- und Landschaftsschutzgebiete, historische und kulturelle Denkmäler bereichern die einzelnen Aktivitäten. Die allesamt mit öffentlichen Verkehrsmitteln erreichbaren Runden enthalten darüber hinaus Tipps für lohnende Tourenerweiterungen.

Viele Ausflüge sind besonders auch für Kinder geeignet, manche Wanderungen sind außerdem als Radtouren möglich oder umgekehrt.

Aussagekräftige Steckbriefe machen jeweils am Ende der Touren darauf aufmerksam.

Die Braunsel im Donautal bei Rechtenstein

Krater-Exkursion am Südrand des Albuchs

Auf einem Lehrwanderweg in die Erdgeschichte eintauchen

Steinheim, die »Perle des Albuchs«, hat eine der bedeutendsten Landschaftsformen Baden-Württembergs vorzuweisen: das Steinheimer Kraterbecken. Wo böte sich die Anlage eines geologischen Lehrwanderwegs mehr an als im Bereich dieser gewaltigen Erdkrustenwunde, wo man auf Schritt und Tritt Zeugen der Vergangenheit begegnet? Entstanden ist der nahezu kreisrunde und ursprünglich 200 Meter tiefe Kessel durch einen Meteoreinschlag vor fast 15 Millionen Jahren. Der Durchmesser des Einschlagkörpers wird auf knapp 100 Meter geschätzt. Anders als beim Ries kam es jedoch hier zu keiner Gesteinsschmelze. Die Aufwölbung von Steinhirt und Klosterberg erfolgte während der Entlastungsphase des Einschlagszentrums. Durch Grundwasserauffüllung bildete sich in der Folgezeit ein Kratersee, von dem bedeutende Kalkablagerungen übrig geblieben sind. Archäologen entdeckten zahlreiche Knochen der unterschiedlichsten Tierarten aus dem Tertiär.

Wer nun allerdings glaubt, den Lehrwanderweg wegen der großen Anziehungskraft der Gemeinde als komfortable Promenade vorzufinden, wird bald überrascht feststellen, dass während des Eintauchens in die Erdgeschichte wiederholt ein gewisser Spürsinn für den richtigen Wegverlauf gefordert ist. Deswegen ist diese ungemein aufschlussreiche Rundwanderung über mehrere, mitunter von einsamen Heideflächen und pittoresken Felsbildungen geschmückte Höhen trotz der gemächlichen Anstiege als mittelschwer einzustufen.

Am vielgestaltigen Kraterrand

Wir gehen in **Steinheim** von der Kirche mit Schulkomplex auf den Gehsteigen der Schulstraße und Karlstraße talwärts. Ein Fußgängerweg leitet dorfauswärts zur Tafel

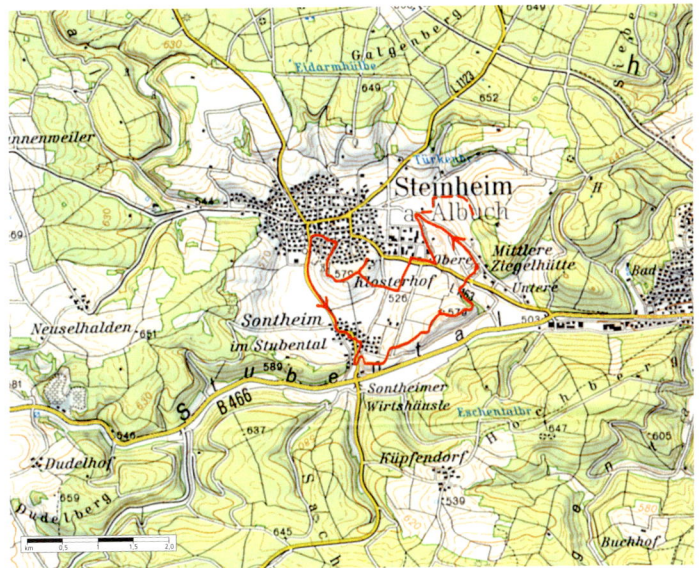

»Pharion'sche Sandgrube« des geologischen Lehrwanderwegs. Die früher kommerziell genutzte Grube stellt einen bedeutenden Fundort von Fossilien der Tertiärschichtung dar. Der so bezeichnete Schneckensand beinhaltet unzählige Schneckengehäuse.

Neben der Straße wandern wir durch die Sohle des Steinheimer Beckens an einem hübschen Strauchhang vorbei. Man gewinnt dabei Ausblicke zum Steinhirtfelsen im Osten, an dem man zum Schluss der Runde vorbeikommen wird. In der Steinheimer Teilgemeinde **Sontheim** weist die Beschilderung zum Meteorkrater-Museum, dem offiziellen Beginn des Lehrwanderwegs. Wer genügend Zeit mitgebracht

hat, sollte das Angebot nutzen und sich die beachtenswerten Ausstellungen ansehen – und so das im weiteren Verlauf der Tour anhand der Lehrtafeln vermittelte Wissen ergänzen und vertiefen.

Weiter geht's rechts auf dem Burgstallweg. An dessen Ende stoßen wir im Stubental, einem heutigen Trockental, am Beginn einer Wanderwegschleife auf den ehemaligen Steinbruch »Burgstall«. An dem Naturdenkmal lässt sich vortrefflich der innere Aufbau der Kraterrandzone studieren. Die Gesteinsschollen der Bankkalke wechseln hier mit Brekzienbrocken und Weißjuragries.

Zuletzt steigen wir über hölzerne Stufen hinauf zu einer freien,

Felsen schmücken den Burgstall am Sontheimer Kraterrand.

ebenfalls Burgstall genannten Bergkuppe, die vor langer Zeit eine Burg
krönte. Eine Schautafel zeigt den
geologischen Schnitt durch den
Meteorkrater. Von dieser Stelle aus
lässt sich der Hauptteil des Steinheimer Beckens überblicken.

Ein Pfad verläuft jetzt an einer
Felsgruppierung leicht bergab und
im Bogen um einen Acker herum.
Nur kurz folgen wir danach einem
geteerten Wirtschaftsweg, dann
weist ein roter Pfeil auf eine anfangs
schwache, später mit kleinem Gegenanstieg am südseitig bewaldeten
Kraterrand entlang leitende Pfadspur. Zwischendurch passiert man
ein Stück Wacholderheide.

Den Stufenabstieg am Knill-
Südhang müssen wir auf einer

gleich darauf ansetzenden, knackig
steilen Treppenanlage büßen. Wir
überschreiten hier die Zone zwischen den so genannten par-
autochthonen Trümmermassen (nur
geringfügig vom Bildungsort ver-
schobenes Gestein) und autochthonen, das heißt an Ort und Stelle
entstandenen, geschichteten Kalk-
steinen. Anschließend bewegen
wir uns auf der tertiären Krater-
füllung. Das Wäldchen auf dem
Knillberg, ein romantischer Buchenwald, trennt die auf den Rand
des Kraters aufgeschobenen Kalk-
steintrümmer des Oberen Weißen
Juras auf der Stubentalseite von
den schneckenhaltigen Süßwasser-
kalken der Kratersee-Ablagerun-
gen auf der Beckenseite.

Auf den Spuren des Wentalflusses

Am Waldende teilt sich die Route. Wir entscheiden uns für den großen Bogen und schlendern geradeaus über einen Heiderücken. Während eines Waldabstiegs stößt man auf den so genannten Brenztal-Trümmeroolith: winzige, im kristallinen Kalkgestein eingeschlossene Kügelchen und fossile, meist von Seeigeln und Seelilien stammende Bruchstücke, die im Jurameer entstanden sind.

An der anschließenden Verzweigung im Lerztäle halten wir uns links und spazieren auf einem wieder deutlichen Pfad am Waldrand entlang. Der einstige Wentalfluss schuf in diesem Bereich zurzeit des Pleistozäns einen Durchbruch im Kraterrand und mündete in den damals noch vorhandenen Stubentalfluss. Nach Querung der Straße, die Steinheim und Heidenheim verbinden, kommen wir zum Weiler **Obere Ziegelhütte**. Vom Ortsende führt ein verkehrsfreies, flaches Sträßchen am Finkenbuschhang entlang. Im oberen Bereich dieses Hanges liegen Felsbrocken der Beckenrand-Trümmermassen verstreut, die durch das Bodenfließen während der Eiszeit talwärts gewandert sind.

Bei der Kläranlage lässt sich eine lohnende Tourenerweiterung einschalten. Ein rechts abzweigender Feldweg schlägt einen Doppelhaken und steigt über den Westhang der Schäfhalde empor durch die Steinheimer Wacholderheide. Bis zum Waldbeginn nimmt der Weg etwa eine halbe Stunde in Anspruch.

Die faszinierende Ausstrahlung dieser weiten, unter Landschaftsschutz stehenden Albsteppe hat Curt Blessing im Büchlein »Sagenhafter Albuch« in treffende Worte gefasst: »Wacholderheide – diese kühnen, schlanken, spitzen Türme, zerbrechlich fast, wie schutzlos dem Sturme preisgegeben – ein wahres Filigranwerk der Schöpfung. Gleich daneben wuchtige, breite Mauern, bereit zu schützen, zu decken und verstecken. Riesen, Gnome, Trolle und Zwerge, Glocken und Pilze, Kugeln und Pyramiden, menschliche und tierische Körper, graziöse Tänzerinnen und plumpe Landsknechte ...«

Zum Klosterhof gehört auch die Heimatstube.

Der Steinhirt markiert den höchsten Punkt des Klosterbergs.

Steinhirt und Lettenhülbe

Die Hauptroute benützt vor der Kläranlage links einen Wirtschaftsweg. Hier finden wir wieder eine Tafel des geologischen Lehrwanderwegs. Zwischen Schrebergärten hindurchwandernd entdecken wir nach einer Straßenquerung am Ortsschild von Steinheim die nächste Tafel. Ein kleines Stück nimmt man am Werksgelände vorbei einen Fußgängerweg und zweigt bei der Einfahrt auf eine Feldwegspur ab. Man überquert eine Ackerebene und schwenkt rechts in ein Wirtschaftssträßchen ein. Die ursprünglich sauren Sumpfböden am Grund des ehemaligen Kratersees tragen den Flurnamen »Im Ried«.

Geradewegs bergauf über Wiesen gelangen wir zum Klosterberg, der zentralen Erhebung des Steinheimer Beckens. Ein kleiner Abstecher bringt uns zum **Klosterhof**. Ab 1190 befand sich hier ein Augustiner-Chorherrenstift und später ein Wirtschaftshof des Klosters Königsbronn. Neben ein paar denkmalgeschützten Bäumen und einem alten Pumpbrunnen ist es vor allem die Heimatstube, die ein näheres Augenmerk verdient.

Das kleine Museum im wahrscheinlich ältesten Gebäude des Ortes beherbergt fernöstliche Kunstgegenstände des Steinheimers Sofonias Theuß, alemannische Funde und bäuerliches Sammelgut aus den letzten beiden Jahrhunderten und eine Ausstellung über die Heimat der Vertriebenen aus Neudorf sowie Weindorf. Unter anderem ist auch eine mittelalterliche Backstube sowie eine alte Schmiede und eine Schusterwerkstatt zu sehen. Von der gepflasterten Hofanlage mit heute privaten Wohngebäuden öffnet sich ein schöner Ausblick auf Steinheim und durch den Ausgang des Stubentals zum Schloss Hellenstein bei Heidenheim.

Jetzt haben wir es auf einem Pfad nicht mehr weit zur imponierenden, auskragenden Felsgestalt namens **Steinhirt**. Sie steht auf dem höchsten Punkt des Klosterbergs, der bis auf den Meter genau gleich hoch ist wie der Knillberg. Von einer Baumvielfalt umkränzt steht hier noch der Rest eines vormals beachtlichen Riffs. Der Hauptteil des Felskranzes musste 1860 zum Schottergewinn für den Bau der Eisenbahn herhalten. Auf einer betagten Eisentafel regt ein kurzer Spruch zum Nachdenken an: »Arbeit härtet, Entsagung macht frei, Genusssucht und Trägheit bringt Sklaverei.«

In diesem Sinne gehen wir wieder frisch und munter ans Werk. Bevor wir jedoch den Weg fortsetzen, wollen wir gleich nebenan noch das Grab des Steinheimers Ludwig Schäffer besuchen, der sich für den Erhalt des Steinhirts eingesetzt hatte. Auf einem Spazierweg passieren wir nun die eingewachsene, künstlich angelegte und grundwassergespeiste Lettenhülbe. An dem reizvollen Amphibien-Laichplatz auf wasserstauendem Opalinuston wächst neben anderen Wasserpflanzen beispielsweise der rare Fieberklee. Gleich darauf verlockt die Gartenschenke »Himmelstoß« zu einem Abschiedstrunk. Dann

In Nischen und Rissen siedeln sich am Steinhirt Pflanzen an.

trifft man auf einem Wirtschaftssträßchen wieder in **Steinheim** ein,
wo man sich zur Abrundung des
erdgeschichtlichen Erlebnistages bei
einer Einkehr noch ein Geologen-
Omelett, einen Geologen-Toast oder
einen Geologen-Topf munden lassen kann.

Falls man zuvor aus zeitlicher
Unsicherheit am Sontheimer Meteorkrater-Museum vorbeispaziert
ist, hat man ja vielleicht jetzt noch
die nötige Muße für einen Besuch.

*Alter Baumbestand auf dem
Klosterberg bei Steinheim*

Tourensteckbrief

Steinheim (540 m) – Sontheim (525 m) – Knillberg (579 m) –
Obere Ziegelhütte (530 m) – Klosterhof (560 m) – Steinhirt (579 m) –
Steinheim (540 m).

Ausgangsort: Steinheim am Albuch, Bushaltestelle an der Kirche,
   Busverbindung mit Heidenheim (Zug von Ulm).
Routenlänge: 11 Kilometer.
Gehzeit: 3 1/2 Stunden.
Höhenunterschied: 150 Meter.
Wege: Dürftig bezeichnete Pfade und Pfadspuren, Wirtschaftswege
   und ein kurzes Stück auf einem verkehrsfreien Sträßchen, zu
   Beginn Fußgängerweg. Kleine Steigungen. Orientierungssinn
   erforderlich.
Für Kinder geeignet: Ja.
Auch als Radtour zu empfehlen: Nein.
Einkehrmöglichkeiten: In Sontheim, Obere Ziegelhütte und
   Gartenschenke »Himmelstoß«.
Karte: Wanderkarte des Landesvermessungsamtes Baden-Württem-
   berg, Blatt 16 »Aalen – Heidenheim«, Maßstab 1 : 50 000.

Jungfrau und Hausener Felsen

Alpine Szenerie über dem Goißetäle

Goißetäle nennt sich das Obere Filstal im Volksmund oder schlicht und einfach Täle. Die Ziegenhaltung – in früheren Zeiten – hat dem von hohen, geschwungenen Waldbergen flankierten Talzug, der abwechselnd in nordöstlicher und südöstlicher Richtung verläuft, seinen Namen gegeben. Erst in Geislingen ändert die Fils ihren Lauf nach Nordwesten. Der Fluss trennt hier im Helfensteiner Land den ansehnlichen, ziemlich zerlappten Abschnitt der Schwäbischen Alb zwischen Bläsiberg und Michelsberg vom Muttergebirge.

Schwammkalke des Weißen Juras bauen den plateauähnlichen, besonders im Herbstnebel aus der Vogelperspektive wie eine Halbinsel anmutenden Michelsberg auf. Seinen abenteuerlichen, unter Naturschutz stehenden Steilabfall mit dem mächtigen Naturdenkmal der Hausener Wand wollen wir auf einer spannenden, kleinen Bergtour mal etwas genauer inspizieren. Erst von oben, dann von unten. Abgesehen von dem zu Beginn etwas einheizenden Aufstieg stellt die Unternehmung keine weiteren Anforderungen.

Ohne Schweiß kein Preis

Leidenschaftliche Albwanderer, die von der A 7 über Deggingen anreisen, geraten beim ersten Auftau-

Am Steilrand des Michelsbergs, über dem Goißetäle bei Bad Überkingen

Der Hausener Felsen

chen des langen, fast schon alpinen Felskranzes zwischen Hausen und Bad Überkingen bereits auf der Anfahrt in helle Begeisterung.

Bad Überkingen im Stauferkreis Göppingen ist ein traditionsreiches Heilbad, genauer gesagt ein Thermal-Mineral-Bewegungsbad. Im Zusammenwirken mit der gesunden, heilsamen Luft dieser Region werden hier beispielsweise Stoffwechselerkrankungen, Magen-Darm-Probleme und rheumatische Erkrankungen auskuriert. Bereits während des späten Mittelalters wurden hier, im Bad der Reichsstadt Ulm, Badekuren durchgeführt. Bekannt ist der Ort auch wegen des etwas salzigen Mineralwassers.

Der Wegweiser zum Sportplatz zeigt beim Badhotel, dem ehemaligen Badhaus aus dem Jahr 1588,

über die Filsbrücke. Am Kurpark mit Quellentempel und Wasserkaskade folgen wir der Parkstraße. Nach der Bundesstraßen-Querung lassen wir uns von der Beschilderung »Jungfraufels« den Weiterweg zeigen.

Bald fordert uns die rote Raute zum Verlassen des anfangs geteerten Forstwegs auf. Richtung Oberböhringen mühen wir uns auf einem Wanderweg in einigermaßen kraftsparenden Windungen, stets auf das Markierungszeichen achtend, über einen steilen Buchenmischwaldhang empor. Diese anhaltende Steigerei bringt den Kreislauf gleich so richtig in Schwung. Ein typischer Alb-Touren-Start: Ohne Schweiß kein Preis.

Weiter oben tauchen die ersten Felsen auf. Am südlichsten Punkt des Michelsbergs erreichen wir er-

leichtert diese schon früh besiedelte Albhöhe: Auf dem
nordöstlich gelegenen Altenstadter Berg deuten Wälle
sogar auf eine vorgeschichtli-
che Befestigung hin.

Nur noch ein kleines Stück
ist es auf einer Pfadspur am
Waldrand bergauf zu einem
erhebenden Ausblick nach
Hausen und auf die gegenüber
das Filstal säumende, kurvige
Bergflanke. Auch der schlanke
Turm der **Jungfrau** hat uns
schnell zu einer ausgiebigen
Schaupause überredet. Am Steilrand
gedeiht eine beachtenswerte Fels-
bandflora. Im darunter befindlichen
Hangbuchenwald sowie in den heut-
zutage von Menschenhand gepflegten Steppenheiden am Bergfuß sind
ebenfalls seltene Pflanzen- und Tierarten heimisch.

*Beim Wanderschäfer nahe
Oberböhringen*

Kantig und unnahbar

Die Neugier treibt einen weiter. In
unbeschwerter Höhenbummelei halten wir uns einfach immer entlang
der kitzligen Abbrüche. Dass der
Wegverlauf manchmal nicht ein-
deutig erkennbar ist, stört dabei we-

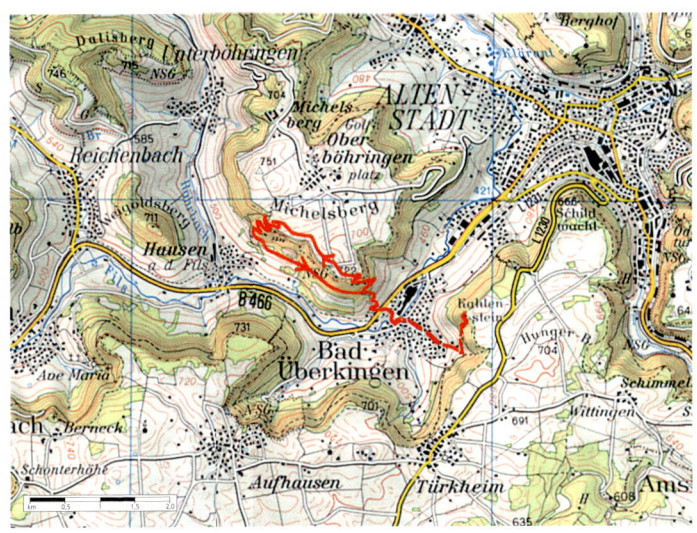

*Badhotel in Bad
Überkingen*

nig. Gelegentlich lohnt sich ein an-
regendes Spähen in die gähnende
Tiefe. Ganz in der Nähe versammeln
sich die Häuser des Überkinger Ortsteils Oberböhringen. Das Dörfchen
entstand gegen Ende des 18. Jahrhunderts als Ulmer Kolonie von
Unterböhringen.

Direkt oberhalb von Hausen
kommen wir auf einem Feldweg
zum Aussichtspunkt der recht impo-
santen **Hausener Felsen**. Ein ganz
besonderes Augenmerk verdient
hier am Ziel der Wanderung ein kleines Naturfenster. Uns zu Füßen
macht ein wohlgeformter Wald-
rundling auf sich aufmerksam: der
Weigoldsberg. Als Krönung der
Runde lädt gleich neben dem Aussichtspunkt eine geräumige Grillstelle zum Würstchenbraten. Gut,
wenn man schon mal am Vorabend
einer Tour die Routenbeschreibung
etwas näher angesehen hat und
sich somit auf solche Höhepunkte
einstellen kann. An diesem Vesper-

platz mit dem gewissen Etwas, fast
300 Meter über dem Dorf, möchte
man am liebsten den Rest des Tages
faulenzend verbringen.

Um den Talkurs ausfindig zu
machen, müssen wir wenige Meter
zurückgehen, bis die Beschilderung
nach Hausen auf weit geschwungene Abstiegsserpentinen lenkt. Der
Pfad leitet zu einem Klettergarten.
Dort kann man mit ein bisschen
Glück Sportkletterer bei ihrer atem-
beraubenden, schwerkraftverleug-
nenden Turnerei in lotrechten Wän-
den beobachten. Wie ein hoch-
geschossener, strammer Wachtpos-
ten steht einer der Türme da. Un-
glaublich stolz, kantig und unnah-
bar für unsereinen, der nun mal
leider nicht mit »Saugnäpfen« auf
die Welt gekommen ist.

Kurz vor Erreichen der Talsohle
mündet die vergnügliche Route
links in einen Waldweg. Über uns
lenkt jetzt der alte Bergsturz der
Hausener Wand den Blick auf sich.

Dieser lässt bestens die Abfolge der untersten vier Weißjuraschichten mit dem Wechsel von Kalk und Mergel erkennen. Was muss das einst für ein ohrenbetäubendes Poltern und Dröhnen gewesen sein, als die niederdonnernden Trümmer sogar die Fils zu einem Ausweichen zwangen?

Wir entscheiden uns nun für den Oberen Waldweg. Der beschauliche Kurs leitet anfangs über Wiesen und zwischendurch als Pfad mit kleinen schattigen Gegenanstiegen zurück nach **Bad Überkingen**.

Neigt sich der Tag noch nicht so schnell zu Ende, könnte man zusätzlich eine Besichtigung der spät-gotischen, 1275 erstmals erwähnten Sankt-Gallus-Kirche in Erwägung ziehen. Oder man nimmt noch den etwa eine Dreiviertelstunde dauernden Aufstieg über Streuobstwiesen und einen Wacholderhang, später durch Buchenwald zum Kahlenstein ins Programm.

Der Pfad zum Aussichtspunkt am Traufeck über dem Dorf berührt ein faszinierendes Felsenlabyrinth mit der etwa 70 Meter langen, leider verschlossenen Kahlensteinhöhle. In der einstigen Schauhöhle mit heute arg in Mitleidenschaft gezogenen Tropfsteinen kamen während der siebziger Jahre Funde aus der Jungsteinzeit, der Bronzezeit und dem Mittelalter zum Vorschein.

Tourensteckbrief

Bad Überkingen (445 m) – Jungfrau (722 m) – Hausener Felsen (727 m) – Bad Überkingen (445 m).

Ausgangsort: Bad Überkingen, Bushaltestelle »Badhotel« in der Ortsmitte, Parkplatz beim Alten Pfarrhaus, Busverbindung mit Geislingen (Zug von Ulm).
Routenlänge: 9 Kilometer.
Gehzeit: 3 Stunden.
Höhenunterschied: 330 Meter.
Wege: Ausreichend bezeichnete Pfade und Pfadspuren sowie Feld- und Waldwege, Aufstieg auf Wanderweg.
Für Kinder geeignet: Ja.
Auch als Radtour zu empfehlen: Nein.
Einkehrmöglichkeit: Mit kleinem Abstecher in Hausen.
Karte: Wanderkarte des Landesvermessungsamtes Baden-Württemberg, Blatt 15 »Göppingen – Geislingen«, Maßstab 1 : 50 000.

Von Merklingen nach Aufhausen

Beschwingt über die Kuppenalb

Bei der Einteilung der Schwäbischen Alb in einzelne Regionen haben die Orographen für einen beträchtlichen Bereich scheinbar keinen Namen gefunden. Gemeint ist die ausgedehnte Hochalb zwischen der im Lautertal endenden Blaubeurer Alb und der ab dem Lonetal beginnenden Stubersheimer Alb, im Norden vom Oberen Filstal begrenzt und bei Temmenhausen an die Ulmer Alb anschließend. Der Hauptort dieser durch keine Bahnlinie erschlossenen, auch vom Wanderwegenetz des Albvereins nicht gerade verwöhnten Kuppenalb ist Merklingen. Was liegt näher, als für unsere Zwecke von der Merklinger Alb zu sprechen?

In der frischen Luft dort oben in die Pedale zu treten ist ein erholsamer Freizeitvertreib, der sich auch für untrainierte Radwanderer eignet. Und herrlich einsam obendrein. So taucht beispielsweise auf der hier vorgeschlagenen 13 Kilometer langen Strecke von Merklingen nach Aufhausen kein einziges Dorf auf. Ja, weder ein Weiler noch ein Einödhof. Auch auf der Rückfahrt ist Nellingen die einzige Siedlung, an der man vorbeikommt. Der richtige Tipp also für jemanden, der mal völlig abschalten möchte.

Hochland-Spazierfahrt

Die evangelische, spätgotische Pfarrkirche »Unserer lieben Frau und

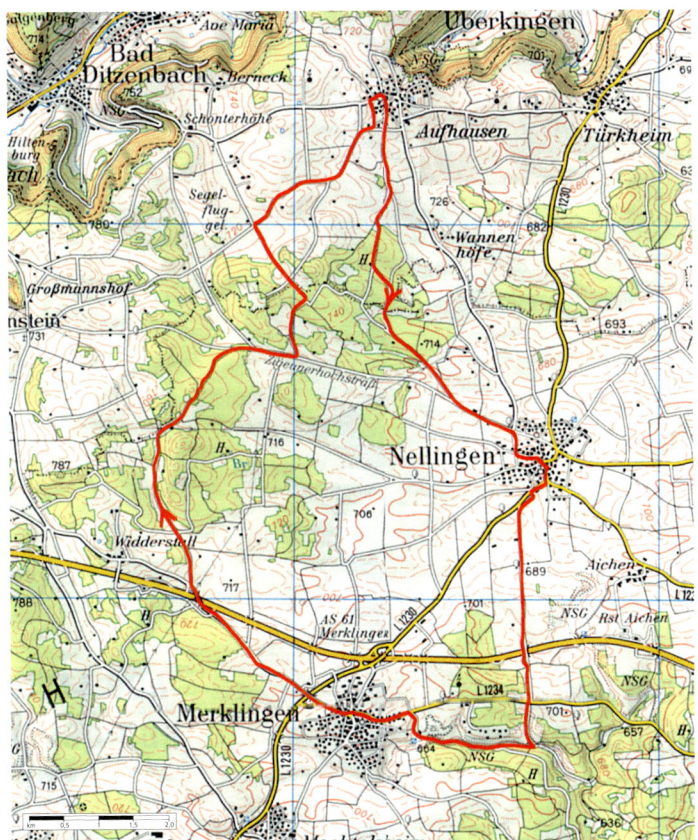

Sankt Michael« in **Merklingen**, früher »Zu den Heiligen Drei Königen« genannt, besitzt einen wertvollen Flügelaltar der Ulmer Schnitzkunst.

Wir orientieren uns an der Hauptkreuzung am Schild »Alle Richtungen« und wählen im weiteren Verlauf die nach Hohenstadt führende Kreisstraße. In der topographischen Karte sind – nach einem Parkplatz – abseits der Straße

Reste eines römischen Gebäudes eingezeichnet: Es sind kaum mehr Spuren davon sichtbar, man kann sie also getrost dem moderig-wuchernden Unterholz überlassen.

Nach der Autobahn-Überführung schwenken wir rechts auf einen Wirtschaftsweg ab, dem wir nahe der Solarversuchsanlage Widderstall geradeaus folgen. Diese mäßig steigende Route über die

Unterhaltsame Begegnung in Aufhausen

weitläufige Hochalb ist bald ein wenig halbherzig mit der Radroute »4« des Alb-Donau-Kreises ausgeschildert. Nun genießt man das ungestörte Dahinrollen über Wiesen und zwischen Waldinseln hindurch. Eine reine Spazierfahrt. Die höchsten Erhebungen dieser Kuppenalb bringen es fast auf 800 Meter Höhe.

Im Waldesinneren setzt sich der Einsamkeitskurs auf einem Forstweg fort. In leichtem Auf und Ab pedaliert man einfach immer der Nase nach. Ein Stück nach dem Waldende zweigen wir von einer eben begonnenen Teerfahrbahn auf den mit rotem Punkt markierten Wirtschaftsweg ab. Am unscheinbaren Dutzenberg südlich des Sträßchens wurde 1965 im über 40 Meter tiefen Dutzenbergschacht ein Färbversuch durchgeführt. Dieser bekräftigte das bereits zuvor anhand verschiedener Beobachtungen

erzielte Wissen über eine unterirdisch verlaufende Wasserscheide zwischen Fils und Lone.

Abermals geht's nun leicht bergan, dem breiten und später in einen Waldweg wechselnden Hauptweg folgend. Auf dem Scheiterhau rollen die Räder links auf einem Querweg talwärts. In diesem Bereich sollte man genau auf die Beschreibung achten, sonst könnte der Scheiterhau leicht eine doppelsinnige Bedeutung bekommen.

Die in der Karte einfacher erscheinende Verbindung zum Flugplatz »Bad Ditzenbach« ist wegen einer Wegsperrung nicht möglich. In der Talsohle biegen wir rechts in das Sträßchen vom Flugplatz ein und kommen nach **Aufhausen**. Die Entstehung dieses Dorfes reicht bis ins 9. Jahrhundert zurück. Wir peilen die Kirche an und haben jetzt Gelegenheit zu einer Einkehr.

Ins Heideland

Ein insgesamt etwa eine Dreiviertelstunde forderndes Zusatzziel von hier aus, ab dem Albtrauf vorzugsweise zu Fuß, wäre die Brunnensteighöhle. Sie liegt in einem Naturschutzgebiet am Weg nach Bad Überkingen über dem ins Filstal mündenden Autal. Die enge Quellhöhle öffnet sich unter einem mächtigen Felsabbruch. Das nahezu ein Kilometer lange Siphonsystem ist nur von versierten Höhlentauchern zu befahren.

Wir steuern bei der Kirche in die Bundgasse und nach der Kreissparkasse links in die Drackensteiner Straße. Am Ortsende leitet ein Wirtschaftssträßchen stets geradeaus südwärts. Ganz in der Nähe hat man in der heute verschlossenen Aufhausener Höhle aus der letzten Eiszeit Knochen und Zähne unter anderem von Nashorn und Bison, Mammut und Höhlenlöwe, Bär und Wolf entdeckt.

Auf dem Baumgartenweg, einem mit gelbem Punkt markierten Forstweg, tauchen wir im Dornhau unter. An einer kleinen Wildfütterung dirigiert man seinen Drahtesel links in einen querlaufenden Weg und saust an einer Forsthütte geradeaus nach **Nellingen**, kurz zuvor einen Spielplatz mit Grillstelle passierend.

Der 1643 von einer riesigen Feuersbrunst heimgesuchte und 1688 von den Franzosen verwüstete Ort besitzt eine von außen nüchtern wirkende spätgotische Chorturmkirche mit reichen Wandmalereien und ein sehenswertes Heimatmuseum.

Wir radeln Richtung Ulm, Blaubeuren und genießen ab dem Dorf-

Durch ein Trockental geht's zurück nach Merklingen.

rand auf dem ebenfalls nach Blaubeuren beschilderten, anfangs geteerten Wirtschaftssträßchen die meist über die sanft gewellte Ackerweite wehende frische Brise.

Bei einem denkmalgeschützten Lindenveteran ist dieser Abschnitt auch als Radroute »Merklingen« ausgewiesen. Man rollt über die A 8 und nach Queren der Landstraße Merklingen – Scharenstetten auf einem etwas rauen Feldweg an einem Wacholderheiderücken bergab. An der Kreuzung im Naturschutzgebiet weist das Wandertäfelchen »Merklingen« bei ein paar reizvollen Felshöckern auf einen wieder bestens befahrbaren, leicht ansteigenden Wirtschaftsweg.

Am sonnenverwöhnten Berghang Sandburr, in dessen oberem Bereich sich eine Wochenendsiedlung ausbreitet, setzt sich die prächtige Heidelandschaft über dem Liebreiz verströmenden, kleinen Tal fort. Man kommt kaum umhin, sich für ein Weilchen zwischen den stacheligen, herb duftenden Säulengestalten ins versteppte Gras zu lümmeln und die zurückgelegte Entspannungsfahrt noch einmal Revue passieren zu lassen. Nach einem Steinbruch schließt sich in **Merklingen** der gemütliche Kreis.

Tourensteckbrief

Merklingen – Aufhausen (13 km) – Nellingen (7 km) – Merklingen (8 km).

Ausgangsort: Merklingen, Hauptkreuzung (702 m), Parkplatz in der Ortsmitte. Anreise mit der Bahn: Von Amstetten-Bahnhof (Zug von Ulm) erreicht man die Strecke nach einer gut halbstündigen Radtour auf der Landstraße über Reutti und Oppingen.
Routenlänge: 28 Kilometer.
Fahrzeit: 2 1/2 Stunden.
Höhenunterschied: 170 Meter.
Straßen und Wege: Teilweise geteerte Wirtschaftswege und Forstwege, kurze raue Wald- und Feldwegabschnitte sowie mäßig befahrene Straßen. Harmlose Steigungen. Orientierungssinn vorteilhaft.
Für Kinder geeignet: Ja.
Auch als Wanderung zu empfehlen: Nein.
Karte: Wanderkarte des Landesvermessungsamtes Baden-Württemberg, Blatt 15 »Göppingen – Geislingen«, Maßstab 1 : 50 000.

Über den Hübschen Stein zum Sandburr

Kornfelder, Trockentäler und Waldesruhe

Das miozäne Kliff – das Miozän ist die älteste Stufe des Jungtertiärs – durchschneidet am Nordwestrand der Ulmer Alb, etwa von Temmenhausen nach Treffensbuch, den südlichen Abschnitt der vorliegenden Rundwanderung. Diese Gegebenheit bewirkt einen deutlichen Gegensatz in der Landschaftsstruktur. Während auf dem Weg über die schlichte, lehmgedeckte Flächenalb ins obere Lautertal der Getreideanbau vorherrscht, wird der weitere Routenverlauf nach Scharenstetten von der in dieser Gegend recht waldreichen Kuppenalb bestimmt.

Alles in allem also eine ziemlich beruhigende Umgebung. Der an sich leichte Tourencharakter sollte allerdings nicht darüber hinwegtäuschen, dass sich das Ganze deutlich in die Länge zieht und deshalb durchaus ein wenig Ausdauer abfordert.

Ins obere Lautertal

In der Ortsmitte von **Temmenhausen** schlagen wir den Kurs nach Bermaringen ein. Ein Gehsteig bringt uns zum Dorfrand und die Kreisstraße über die Autobahn, die sich von der Anschlussstelle Ulm-West hinauf zur Albhochfläche schwingt. Anschließend nehmen wir den zweiten, rechts abzweigenden Wirtschaftsweg und wandern alsbald auf einem Waldweg in südlicher Richtung kaum spürbar bergan.

Ein unspektakulärer Beginn einer Schwäbischen-Alb-Tour, dafür aber köstlich verschwiegen. Außerdem muss ja nicht jeder Albausflug

Herbsteinzug auf der Kuppenalb beim Hübschen Stein

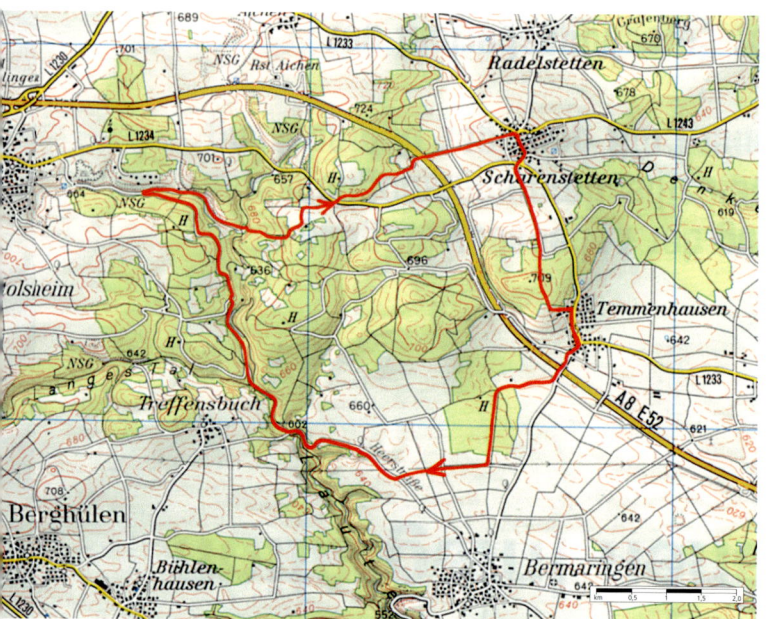

mit Felstürmen, Steppenhängen und Burgenromantik verdeutlichen, welchen Teil der Welt wir gerade durchstreifen. Ist es nicht gerade die Abwechslung, die das Wandern in diesem riesigen Mittelgebirge so reizvoll macht? Ein Grund, weshalb jeder für seinen Geschmack und seine aktuelle Stimmungslage das Treffende finden kann.

Ab der Kreuzung nach dem Wald folgen wir rechts auf einer geteerten landwirtschaftlichen Fahrbahn, später auf einem Feldweg einer Hochspannungsleitung über weite Kornfelder. Im Süden zeigt sich die Häuserschar von Bermaringen. Der Horizont rückt wieder in die Ferne.

Bei einem Hirschgehege schwenken wir erneut rechts in ein kaum befahrenes Sträßchen, die Heerstraße, ein. Diese von Bermaringen kommende Straße passiert kurz zuvor die unter Denkmalschutz stehende Bollinde. Etwa in westlicher Richtung befindet sich an der Hangkante die gut zwei Meter hohe Naturbrücke im Deinwinkel, zu der allerdings kein Weg führt.

Wieder im Wald bummeln wir hinunter in das trockenliegende Lautertal. Nur bei Unwettern oder gelegentlich während der Schneeschmelze sammeln sich hier die Wasser. Erst viel weiter unten im Tal erblickt die Lauter das Licht der Welt.

Falls man sich nicht zuvor noch für eine Einkehr in Treffensbuch entscheidet, hält man sich nun an den flachen Forstweg mit Zwischenstation **Hübscher Stein**. Der uralte Grenzstein unter einer betagten Linde weist auf den mittelalterlichen Grenzverlauf zwischen Ulm, Helfenstein und Württemberg hin. Einen besonders hübschen Eindruck erweckt er allerdings nicht. Aber irgendwie reizt dieser Winkel an der einsamen Talgabel zu einer kleinen Rast.

Auf Schleichwegen nach Scharenstetten

Das halb rechts ansetzende Martersteigle verlangt uns jetzt den ersten kleinen Aufstieg ab. Die Kuppenalb nimmt allmählich Formen an. An einer Wegteilung geht's geradeaus unmerklich bergab und an der Gabelung beim Hüttenhäule erneut bergwärts. Bei einem Jägerstand schwenken wir rechts in einen Querweg ein. Abermals taucht ein Hochsitz auf. Hier versichert uns der Wegweiser »Merklingen«, dass wir uns auf der unbeschilderten Etappe bislang nicht verlaufen haben.

An der Verzweigung bei der Forstabteilung Läuberhäule geht's rechts hinunter in ein weiteres Trockental und unter dem langen Wacholderhang **Sandburr** nahe Merklingen fortwährend bergab. Man kommt zu einer Kreuzung mit ein paar kleinen Felsbildungen. Die sonnige, wildromantische Ecke bietet sich nochmals zu einer verdienten Tourenunterbrechung an.

Daraufhin entscheidet man sich für den Kurs Scharenstetten. Dieser wechselt kurz danach in einen mit gelber Raute markierten, steilen und feuchten Waldweg. Aber außer im Winter oder Spätherbst bereitet diese »Dreckssteige« am Schmidberg keine Probleme. Auf der Hochalb beim Stephansbuckel biegen wir ostwärts in einen geteerten Wirtschaftsweg ein, queren die Landstraße von Merklingen und folgen

Am Wacholderhang Sandburr

einem Forstweg, zuletzt einem Anliegersträßchen unter der A 8 hindurch nach **Scharenstetten**.

Der schon um 1108 erwähnte, anfangs helfensteinische, später ulmische Gemeindeteil Dornstadts besitzt im nördlichen Ortsteil einen 28 Meter hohen Wasserturm. Der Chor der evangelischen Pfarrkirche Sankt Laurentius zeichnet sich durch beachtenswerte, alte Wandmalereien aus. Gezeigt wird die Legende der drei Lebenden und drei Toten. Die Chorturmanlage ist romanisch. Das Retabel des spätgotischen Hochaltars, das im Alb-Donau-Kreis seinesgleichen sucht, schmückte ursprünglich das Ulmer Münster. Es ist dies der letzte, einigermaßen original erhaltene Flügelaltar aus der Werkstatt Hans Multschers.

Jetzt drängt es uns aber endgültig weiter. Der talwärts führende Gehsteig der Hauptstraße leitet die letzte Etappe ein. Ganz kurz spazieren wir Richtung Merklingen und kreuzen nochmals die Landstraße von vorhin. Dann bringt uns ein ebenfalls mit gelber Raute bezeichnetes, stilles Sträßchen, später ein Waldweg über die kleine Kuppe mit dem etwas angeberischen Namen Berg zurück zum Ausgangsort **Temmenhausen**.

Tourensteckbrief

Temmenhausen (639 m) – Hübscher Stein (610 m) – Sandburr (650 m) – Scharenstetten (707 m) – Temmenhausen (639 m).

Ausgangsort: Dornstadt-Temmenhausen, Bushaltestelle in der Ortsmitte, Parkplatz am Ortsende Richtung Bermaringen, Busverbindung mit Ulm.

Routenlänge: 20 Kilometer.

Gehzeit: 5 Stunden.

Höhenunterschied: 180 Meter.

Wege: Teilweise beschilderte Wirtschafts- und Forstwege, kurze Abschnitte auf verkehrsfreien Sträßchen, kleiner »schmieriger« Waldwegabschnitt. Einfache Anstiege. Orientierungssinn erforderlich.

Für Kinder geeignet: Nein.

Auch als Radtour zu empfehlen: Ja, aber sehr anstrengende, kurze Schiebeeinlage (als Radtour dann auch für Kinder geeignet).

Einkehrmöglichkeiten: In Scharenstetten und mit kurzem Abstecher in Treffensbuch.

Karte: Wanderkarte des Landesvermessungsamtes Baden-Württemberg, Blatt 19 »Ulm – Blaubeuren«, Maßstab 1 : 50 000.

Auf raschelnden Forstwegen

Stille Wege an der Lone

Wechselreiche Tallandschaft – mal lieblich, mal herb

Unsere gemächliche, kleine Radtour durch das während der Römerzeit bedeutsame Tal der jungen Lone, zwischen Geislingen an der Steige und Ulm, gibt einen beispielhaften Einblick in die landschaftliche Vielfalt der Schwäbischen Alb und dies auf engstem Raum. Eben noch Wiesenauen und schmale Kornfelder, eingebettet in weich geschwungene Waldeshöhen, dann plötzlich wilde Heidegebiete mit charakteristischen Wacholdern und Weidebuchen.

Ein kraftvoller Quelltopf gebiert in einem teils trocken liegenden Tal ein reizvolles Flüsschen, dem später saugende Karstböden an den Kragen gehen. Einen ganz anderen Charakter weist der deutlich sportlichere Rückweg auf. Dieser führt von der Flächenalb über die Klifflinie des tertiären Molassemeeres hinauf in die Kuppenalb mit ihren Ackerweiten und verlangt dem Leisetreter so manchen Schweißtropfen ab.

Wo die »cohors quingenaria« stationiert war

Wir finden uns in **Amstetten** ein, das aus zwei Ortsteilen besteht: Dorf und Bahnhof. Am Bahnhof rollen wir durch die Fußgänger-Unterführung und steuern auf die Radroute 2 des Alb-Donau-Kreises, die sich nach dem Bahnübergang auf einem Radweg fortsetzt. Im weiteren Verlauf genießen wir auf einem Wirtschaftsweg die von niederen Mischwaldhöhen gesäumte, beschauliche Tallandschaft mit Wiesen und Äckern. Der in seinem oberen Bereich heute trockene Talgrund verliert sein Sammelwasser unterirdisch an die Geislingen zustrebende Rohrach.

Ursprung, ein Ortsteil von Lonsee, heißt die erste Station. Hier befand sich einst das Römerkastell »Ad Lunam«. Der Ort wurde im Jahre 1798 von einer fürchterlichen Feuersbrunst heimgesucht. Ein Schild weist zum kristallklaren Lonetopf.

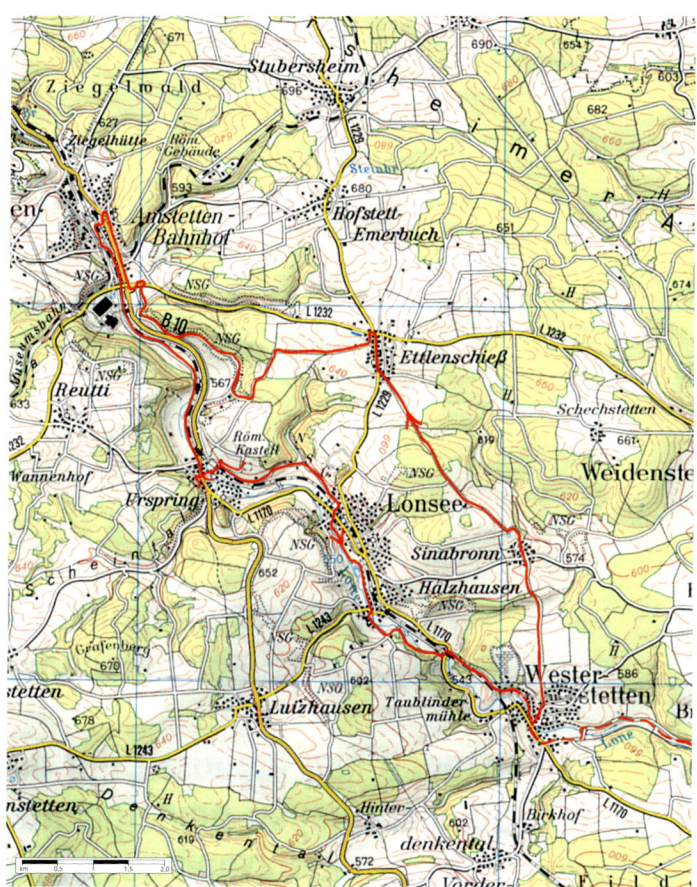

Dieser bis zu 6 Meter tiefe Quelltopf mit einem Durchmesser von 10 Metern schüttet maximal 1840 Liter pro Sekunde. Neugierige Enten schwimmen hurtig herbei und bringen diverse Spiegelbilder zum wackeln. Der unverfälschte Dorfwinkel lässt einen nicht so schnell wieder los.

Unter ausladendem Astwerk schlendert man ein Stück am neu geborenen Bachlauf entlang. Wenigstens bis zu einem gewölbten Steg, um auch mal von oben in die anziehenden Fluten schauen zu können.

Anschließend nehmen wir gegenüber der Hauptstraße die Reuttier Straße und folgen vor dem Gasthaus Halde einem ansteigenden Fahrweg zur schwer zugängli-

chen Haldensteinhöhle an einem Waldhang. Die feuchte Unterwelt ist zwar verschlossen, dennoch lohnt sich wegen skurriler Felsstotzen der kleine Abzweiger. Hier oben befand sich die ursprüngliche Lonequelle.

Die Kirchstraße leitet zu der aus dem Jahr 1860 stammenden neugotischen Kirche. Das ursprüngliche Gotteshaus musste der Eisenbahn weichen. Der Wanderwegweiser »Ettlenschieß« dirigiert uns durch eine enge Bahnunterführung. Beim »Wildwest-Bahnhof« wollen wir abermals eine kleine Zugabe einlegen. Ein Anliegersträßchen führt hier bergauf mit schönem Blick aufs

Der stimmungsvolle Lonetopf in Urspring.

Auch die Wacholderheide hat ihre Herbstfarben.

Dorf. Dieser Aufstieg geht ordentlich in die Waden. Nur ein Stückchen weiter befinden sich am Guckelehang, auf einer heute als Pferdeweide genutzten Wiese Überreste des römischen Kastells. 50 Meter über der Talsohle der Lone gelegen, hatte die mächtige Anlage, von der noch Wälle zeugen, unter der Herrschaft von Kaiser Domitian die Aufgabe, den Verkehr auf der Römerstraße von Augsburg ins Neckarland zu kontrollieren.

Stationiert war in dem Ende des 1. Jahrhunderts nach Christus errichteten Kastell eine etwa 500 Mann starke Hilfstruppe mit Kommandeur, eine »cohors quingenaria peditata«. Der Quelltopf der Lone bot eine günstige Wasserversor-

Am Salenberg bei Lonsee dehnt sich ein unverfälschtes Heidegebiet aus.

gung. Die Anlage sicherte darüberhinaus bis um die Mitte des 2. Jahrhunderts in diesem Bereich die Nordgrenze der Provinz Rätien.

Bauschige Weidebuchen am Salenberg

Zurück im Tal behalten wir die nördliche Bahnseite bei. Auf verkehrsfreier Rollbahn pedaliert man für eine Weile in östlicher Richtung und gelangt zum Naturschutzgebiet Salenberg. Entlang sonniger Hanglagen dehnt sich eine prächtige Wacholderheide aus. Wer bekommt hier nicht Lust, sich ein wenig die Füße zu vertreten? Die Magerrasen bringen eine ganz spezifische Flora und Fauna hervor.

Weiter oben ragen bauschige Weidebuchen in den klaren Himmel. Hecken und Gehölzgruppen gliedern den urigen Flecken. Spärlich begrünte Felsbrocken liegen verstreut. Schon hat man, wie von magischer Hand geführt, auf einem dieser sympathischen Naturhocker Platz genommen und lauscht zufrieden in die Stille.

Am Ortsanfang von **Lonsee** schieben wir die Räder über die Fußgänger-Bahnbrücke und achten beim Rathaus auf das Wandertäfelchen »Westerstetten«. Die Radroute 2 lässt sich nun direkt an der Lone fortsetzen. Vorbei an einem kleinen angelegten See mit einer Insel geht die Fahrt zum Lonseer Ortsteil **Halzhausen**.

Ein Wirtschaftsweg folgt weiterhin dem Lauf des liebenswerten

Das frisch geborene Flüsschen verleitet zu einer kleinen Schlenderei.

Flüsschens. Auf der Landstraße steuern wir durch einen Bahndurchlass und haben nur noch ein kleines Stück auf einem Wanderweg unter der Buchhalde zum Bahnhof von **Westerstetten**. Die Kreuzbergstraße führt uns hinein ins Dorf.

Würde man dem sich verengenden Flusstal noch weiter folgen, ein Stück über Breitingen hinaus, so stieße man auf ein landschaftliches Kuriosum. Die Räder rollen zwar zweifellos bergab, doch die Wasserader verjüngt sich scheinbar zusehends. Nein, sie verjüngt sich natürlich nicht wirklich. Aber es macht den Anschein, als wolle der gleich bleibend breite Bachgraben allmählich eintrocknen.

Der heimtückische Karstboden lauert dem gutmütigen Flüsschen auf, leckt nach ihm und saugt ihn aus wie ein Vampir. Bereits auf der Höhe des Salzbühlfelsens haben die Kalkklüfte in ihrer Gier das eben noch muntere Fließgewässer in ein mattes Rinnsal verwandelt.

Früher rauschte durch dieses Tal die Ur-Lone. Heute führt die Lone ab der Höhe von Bernstadt nur noch wenig Wasser. Streckenweise liegt sie während niederschlagsfreier Perioden sogar nahezu ausgetrocknet da. Ein paar hundert Meter weiter fließt sie dann plötzlich wieder, bemüht sich sogar erneut, ein richtiger Bach zu werden, wenn es ihr einfällt, um kurz darauf ihr Versteckspiel aufs Neue zu beginnen. Eine eigenartige Erscheinung.

Lange Zeit lagen die entscheidenden Versickerungsstellen am Häldelesfels zwischen Breitingen und Bernstadt. Nach dem Zweiten Weltkrieg wurden diese Lecks geschlossen. Doch zwölf Jahre später fand das Wasser durch neu entstandene Aufbrüche abermals seinen geheimnisvollen Weg in den Untergrund. Das meiste Wasser speist – erwiesen durch Wassermengenberechnungen – die Nau bei Langenau, drüben im Donautal.

Winzigster Dorfbrunnen des Schwabenlandes?

Wir verlassen den Radwanderweg und gleichzeitig Westerstetten an der Kirche bergwärts. Um einen Rückblick über das Tal zu gewinnen, könnte man noch die 14 Stationen des Kreuzwegs zum Kreuzberghügel hoch spazieren. Dann hat man sich mit dem recht kräftezehrenden Sinabronner Weg anzulegen. Auf einem ruhigen Sträßchen geht's über eine Feldkuppe nach **Sinabronn**, wobei man die flotte Zwischenabfahrt leider mit einem knackigen Gegenanstieg erkämpfen muss.

Was uns hier so zu schaffen macht, ist die den Nordrand des tertiären Molassemeeres kennzeichnende Klifflinie. Dieses so genannte Burdigalkliff verläuft weiter über Weidenstetten nach Altheim. Während und auch noch nach der Verwitterung und Verkarstung der Schwäbischen Alb füllte sich das Molassebecken nördlich der heutigen Alpen wiederholt mit Meeren auf. Die Brandung spülte gegen die Jurafelsen und modellierte jene Klifflinie, die heute noch deutlich erkennbar ist. Sie trennt die tiefgelegene Flächenalb von der höheren, nördlich anschließenden Kuppenalb.

Auf der Ettlenschießer Straße passieren wir den vielleicht winzigsten Dorfbrunnen des Schwabenlandes. Er ist eine kleine Verschnaufpause wert. Es folgt nun ein letzter deutlicher Aufschwung, oben erwartet uns ein Abschiedsblick aufs Lonetal. An einem Wasserbehälter halten wir uns rechts zu einem Einödhof.

Die sanft gewellten Südwestausläufer der Stubersheimer Alb werden überquert. Hinter einem Waldfleck können wir den Drahtesel bergab nach **Ettlenschieß** laufen lassen. Der Ort gehört wie auch Sinabronn ebenfalls zu Lonsee. Wir halten uns Richtung Geislingen und orientieren uns des Weiteren am Wanderschild »Ursprung«.

Auf einem Wirtschaftssträßchen lenken wir erst geradeaus und an einer Waldinsel links, bevor wir auf die mit gelber Raute ausgeschilderte Wanderroute nach Amstetten stoßen. Zuletzt bremsen wir am sehenswerten Heidegebiet unter dem Hochberg bergab und fahren auf einem flachen Waldweg, zuletzt auf einem geteerten Wirtschaftsweg durch das bekannte Tal zurück nach **Amstetten-Bahnhof**.

Kleiner Stausee zwischen Lonsee und Halzhausen.

Tourensteckbrief

Amstetten-Bahnhof – Urspring (5 km) – Lonsee (4 km) – Halzhausen
(2 km) – Westerstetten (3 km) – Sinabronn (2 km) – Ettlenschieß
(4 km) – Amstetten-Bahnhof (7 km).

Ausgangsort: Amstetten-Bahnhof, Bahnhof (580 m, Parkplatz),
    Zug von Ulm.
Routenlänge: 27 Kilometer.
Fahrzeit: 2 3/4 Stunden.
Höhenunterschied: 260 Meter.
Straßen und Wege: Wirtschafts- und Waldwege, ruhige
    Gemeindesträßchen, kleines Stück Wanderweg. Mehrere kurze
    steile Auffahrten.
Für Kinder geeignet: Ja.
Auch als Wanderung zu empfehlen: Ja.
Karte: Wanderkarte des Landesvermessungsamtes Baden-Württem-
    berg, Blatt 15 »Göppingen – Geislingen«, Maßstab 1 : 50 000.

Auf die Stubersheimer Alb

Traum-Waldwanderung ohne Makel

Selten macht man auf der Hochalb eine größere, zuverlässig bezeichnete Wanderrunde ausfindig, die keinerlei Straßen beinhaltet, deren Schwergewicht sogar auf Pfaden und Waldwegen liegt und die darüber hinaus dem meist etwas monotonen Ackerland völlig aus dem Wege geht. Wandern, wie man es sich vorstellt. Eine Tour ohne Makel, auf der man aus dem Schwärmen nicht mehr herauskommt.

In dem von Trockentälern zerfurchten, recht buckeligen Bereich südlich von Gerstetten, wo sich die Heidenheimer Alb und die Stubersheimer Alb berühren, ist so ein vom Albverein markierter Traumausflug möglich. Freunde komfortabler Routen könnten allenfalls gelegentlich die Wegequalität bemängeln. Dabei ist das amüsante Berg- und Talerlebnis auch noch als leicht einzustufen. »Waldmenschen« mit Leib und Seele kommen auf diesem zur gelegentlichen Wiederholung reizenden Einsamkeitstrip voll auf ihre Kosten.

Idyllische Hülben und knorrige Baumveteranen

Unser Ausgangsort ist mit der Bahn nur an ein paar Tagen im Jahr erreichbar. Dann pustet die historische

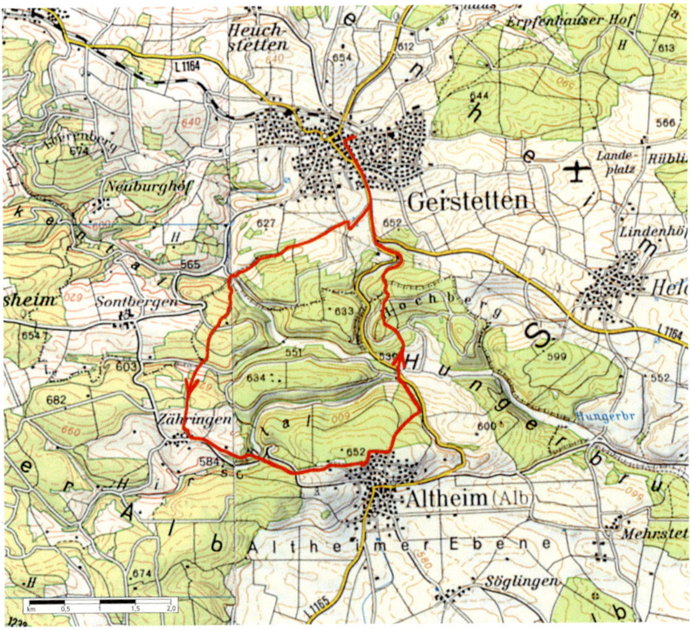

Dampfbahn von Amstetten über Stubersheim und Schalkstetten, Waldhausen und Gussenstadt nach **Gerstetten**, dem Hauptort der Heidenheimer Alb.

Vom Bahnhotel nimmt man den Gehweg talwärts und spaziert auf der Wilhelmstraße an der Sparkasse vorbei. Im weiteren Verlauf hält man sich Richtung Ulm und schwenkt am südlichen Ortsende auf den anfangs geteerten, nach Zähringen beschilderten Wirtschaftsweg ab.

Die denkmalgeschützten Eglensee, zwei vor der Albwasserversorgung für die Viehtränke wichtige Hülben, weisen noch einen alten Baumbestand auf. Man kommt angesichts der verträumten Wasserspiegel fast in Verlegenheit, nach dem kurzen

Museumsbahn in Gerstetten

Die denkmalgeschützten Eglenseen verlocken zu einer Pause.

Tourenauftakt bereits eine erste Pause einzulegen. Aber eigentlich treibt uns ja auch nichts zur Eile.

Der gelbe Dreiblock weist danach auf einen erholsamen Talkurs übers stille Wiesenland. Nach einem Waldfleck – mittlerweile finden wir nur noch eine Fahrspur vor – tauchen bei einer Sprungschanze nochmals ein paar Baumveteranen auf, charaktervolle, knorrige Eichen. Man muss die eine oder andere direkt aus allernächster Nähe bestaunen. »Säuberes Tal« nennt sich dieser heimelige Winkel.

An der Langlaufhütte des SC Gerstetten mündet unser Kurs in das querlaufende **Gassental**. Nicht weit entfernt breitet sich eine schö-

ne Wacholderheide aus. Wir folgen nun dem geradewegs ansteigenden Forstweg und achten auf die Abzweigung eines später im Bereich einer Windwurffläche undeutlichen und verwachsenen Pfades.

Dieser kreuzt hinauf zur Stubersheimer Alb zwei Forstwege und ist erfreulicherweise akkurat markiert. Lange Hosen können auf dieser kleinen Pfadfinderei nicht schaden. Nach einem kurzen Forstweg-Abstieg streifen wir im Hahnental auf einer Pfadspur über einen Wiesenfleck und halten uns anschließend am Waldrand bergauf. Von einer Kuppe ist es nur noch ein kleines Stück auf einem Wirtschaftsweg nach **Zähringen**, einem Ortsteil von Altheim. Das Bauerndorf besitzt ein nettes Kirchlein und, kaum hält man es für möglich, sogar einen eigenen Friedhof.

Wo der Wald nicht mehr enden will

Nur kurz gehen wir auf der Straße Richtung Altheim. Dann lassen wir uns, erst auf einem flachen Feld-weg, später auf einem fallenden Waldweg, weiter von der gewohn-ten Markierung leiten. In der Senke des Hirschtals quert man die Kreis-straße von Zähringen und wählt den Forstweg bergauf zur Anhöhe des Kuhbergs. Dort wechselt man aber-mals die Straßenseite. Zuletzt ge-langt man auf einem Wanderweg am Spielplatz vorbei nach **Altheim**.

Unterwegs faszinieren charakter-volle Eichenveteranen.

Wer in dem Dorf, das di-rekt an der markanten Küsten-linie des einstigen Molasse-meeres angesiedelt ist, einkeh-ren möchte, muss einen klei-nen Abstecher zur Ortsmitte anhängen. Die südwärts sich erstreckende Altheimer Ebene ist Bestandteil der Flächenalb. Der Ort erlangte Bekanntheit durch die Schlacht von Alt-heim im Städtekrieg im April 1372. Im Jahre 1635 wütete hier eine verheerende Feuers-brunst, die fast alle Häuser ver-nichtete. Ein Stück weiter öst-lich hat man 1956 im Stein-bruch des Schönen Bühls die zirka 70 Meter lange und über 30 Meter tiefe Altheimer Kluft-höhle entdeckt.

Vom Spielplatz kommend achten wir auf den Wegwei-ser »Gerstetten« und orientie-ren uns auch auf dem an-schließenden Waldweg wie-der am gelben Dreiblock. Nach einer Forstwegquerung biegt die Wanderroute auf ei-nen talwärts führenden Pfad ab. Bevor man auf die Landstraße von Gerstetten stößt, ist auf die Markierung zu achten.

An der Vereinigung des Hirschtals mit dem Gassental zum **Hungerbrunnental** befindet sich ein Wanderparkplatz. Man überquert die Straße und verfolgt einen ansteigenden Waldweg. Dieser Wald über den Hochberg erweckt tatsächlich den Eindruck, als möchte er nicht wieder enden.

Wir werden empfänglich für die leisen Töne, für das gedämpfte Licht. Ein kratzpfötiges Eichhörnchen mit buschigem Schwanz huscht behend den Fichtenstamm empor, äugt erst auf der einen, dann auf der anderen Seite zu uns herüber, als bereite ihm das Versteckspiel großen Spaß. Hinter einem moderigen Klaubholzsta-

pel stöbert eine quirlige Maus unter gefallenen Blättern nach Nahrung. Vogelschatten landen in den hohen Baumkronen. Beruhigender, Geborgenheit verströmender Wald. Fest verankerte, aufrechte Gestalten voller Würde, mal im Nadelmantel, mal im Laubkleid – Sinnbilder der Kraft.

Nach einem kleinen Höhenverlust berührt die etwas unklare, aber nach wie vor bezeichnete Route nochmals die Landstraße. Hier müssen wir auf einen teilweise von Brennnesseln verwachsenen Pfad abzweigen. Nach einem letzten Gegenanstieg am Schützenhaus vorbei stoßen wir auf einen Gehsteig, der uns – erfüllt mit neuen Eindrücken und erfreulich ausgeglichen – zurück nach **Gerstetten** bringt.

Tourensteckbrief

Gerstetten (633 m) – Gassental (570 m) – Zähringen (636 m) – Altheim (640 m) – Hungerbrunnental (539 m) – Gerstetten (633 m).

Ausgangsort: Gerstetten, Bushaltestelle am Bahnhotel, Parkplatz am Bahnhof der Museumsbahn, Busverbindung mit Ulm.
Routenlänge: 15 Kilometer.
Gehzeit: 4 1/2 Stunden.
Höhenunterschied: 310 Meter.
Wege: Meist gut bezeichnete Pfade, Pfadspuren und Waldwege, Wirtschafts- und Forstwege. Mehrere mäßig steile Aufstiege. Ein wenig Orientierungssinn ist vorteilhaft.
Für Kinder geeignet: Ja (Ausdauer erforderlich).
Auch als Radtour zu empfehlen: Nein.
Einkehrmöglichkeiten: In Zähringen und mit kleinem Abstecher in Altheim.
Karte: Wanderkarte des Landesvermessungsamtes Baden-Württemberg, Blatt 16 »Aalen – Heidenheim«, Maßstab 1 : 50 000.

Um den Buigen ins Eselsburger Tal

Glanzpunkte an der Brenz

**Buigen nennt sich der beim Herbrechtinger Bahnhof nahezu abge-
schnürte Umlaufberg der Brenz. Der Fluss verliert in der weit ausho-
lenden Eselsburger Schleife erheblich an Wasser. Man nimmt deshalb an, dass er nicht nur unterirdisch ein paar Quellen bei Herbrechtingen speist, sondern auch die benachbarte Hürbe unterstützt. Dieser Abschnitt der Brenz bildet hier, wo die Heidenheimer Alb und
das Härtsfeld zusammenstoßen, den landschaftlichen Höhepunkt
des gesamten Flusslaufs. Schlingen der Ur-Brenz finden sich noch
bei Bernau östlich der Stadt und bei Hürben.**

Unter blauem Himmel werden die
figurenreichen Weißjurafelsen im
Eselsburger Tal, mal protzig drall,
mal zerbrechlich filigran, zweifellos
zu einem unvergesslichen Wander-
Erlebnis. Aber auch bei wechselhaf-
tem Wetter oder gar
wenn sich die ein-
zigartige   Fluss-
schlinge schüchtern
in Nebel hüllt, ver-
spürt man die magi-
sche   Ausstrahlung
dieser   Wild-West-
Szenerie. Ja, dann
vielleicht sogar noch
eindringlicher! Wie
in einer Geisterbahn
tauchen sie plötzlich
aus dem Nichts auf,
die gnomenhaften,
durch Abertausende
von Jahren hindurch

*Morgennebel im Eselsburger Tal – es herrscht
eine geradezu gespentische Atmosphäre.*

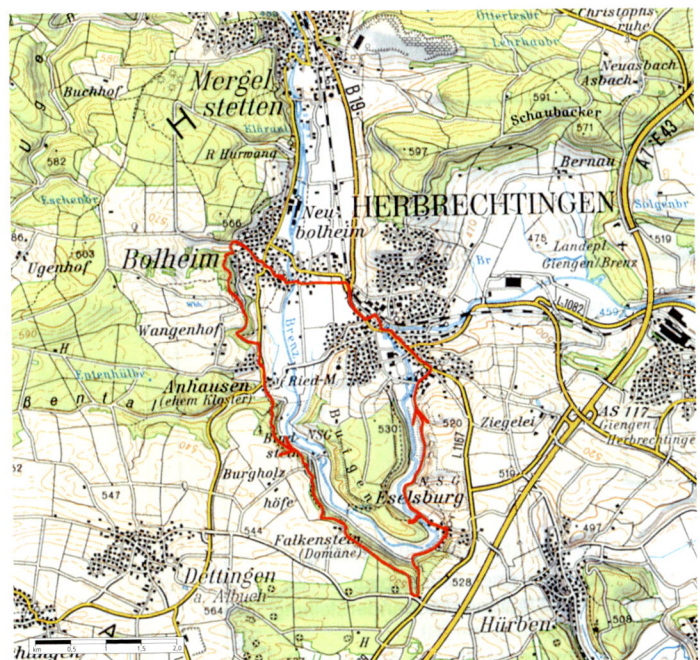

von der Erosion des Wassers und Frostes geformten Gestalten. Kältestarrend, hier und dort mit Eiszapfen behangen an einem Wintertag. Und im Nu verschwinden sie wieder, als würden sie uns nur mal eben zum Narren halten wollen. Ein schaurig-schönes Gruselkabinett für Phantasiebegabte.

Unsere problemlose, wenn auch ein wenig ausgedehnte Buigenrunde folgt im Wesentlichen hoch über dem Brenztal den einsamen Waldpfaden des »Hauptwanderwegs 4« und führt ab Eselsburg auf komfortablem Kurs zurück in die Stadt.

Bergige Umwege nach Anhausen

Der Wanderwegweiser »Bolheim« zeigt uns am Bahnhof **Herbrechtingen** die Startrichtung. An der Ampelkreuzung kurz danach nehmen wir rechts den parallel zur Vorfahrtsstraße verlaufenden Gehweg und wandern später an der Bahn entlang durchs breite Talbecken der Brenz. Nach einer Straßenunterführung bringt uns links ein ganz kurzer Fußgängerweg zum Gewerbegebiet des Stadtteils **Bolheim**.

Hinter der Brenzbrücke richten wir uns nach dem Wandertäfelchen

Hoch über dem Brenztal liegt die Domäne Falkenstein.

»Steinheim«. Die rote Raute leitet uns an der gedrungenen Zwiebelturmkirche bergan. Am Ortsende stößt man auf den Main-Donau-Bodensee-Weg: Der 440 Kilometer lange »Hauptwanderweg 4« führt von Würzburg über Aalen und Ulm nach Friedrichshafen. Richtung Anhausen quert man auf einem Pfad ein Tälchen und folgt dem roten Balken in spürbarer Steigung über einen Waldhang zu einem Bergsporn.

Auf der nun einsamen Höhenwanderung am Abhang über dem Brenztal gilt es, die Markierung nicht aus den Augen zu verlieren. Am Waldende finden wir nur noch eine Pfadspur vor und kommen nach dem Kreuzen eines Wirtschaftssträßchens zu einem schönen Rastplätzchen unter einer ungewöhnlich vielstämmigen Weidebuche. Hier lenkt die

Bezeichnung wieder in den Wald hinein. Wir schlendern hinunter zur Straße von Bolheim und gelangen auf einem Fußweg zum Herbrechtinger Ortsteil **Anhausen** an der Einmündung des Kießentals.

Die Kirche des im Jahre 1125 gegründeten Klosters wurde 1831 zusammen mit einem Teil der Gebäude abgebrochen. Eine von schwedischen Lutheranern gewidmete Tafel erinnert noch an den Prälaten Magnus Friedrich Roos. Der auch schriftstellerisch tätige Prälat verbrachte die beiden letzten Jahrzehnte seines Lebens in diesem Kloster.

Auf kitzligem Felsgrat

Das Wanderschild »Falkenstein« dirigiert uns auf den Zoeppritzweg, einen anfangs mäßig steigenden Waldpfad. Der erneut recht verschwiegene Kurs über der gelegentlich durchs Astwerk schimmernden Brenz weckt sogleich wieder helle Begeisterung. Wir queren ein Sträßchen und spazieren kurz außerhalb des Waldes zu einem exzellenten Aussichtspunkt mit Bank über einem kecken Kalkstotzen. Jenseits des Flusses erhebt sich der Fischerfelsen, den einst die Burg Bindstein krönte.

Bald darauf kommt man an einer Felsnase vorbei, auf der einstmals die Burg Hürgerstein thronte. Die Bürger von Hürgerstein hatten diese schmale, aber dennoch stattliche Anlage erbaut, von der jedoch

nur noch ein paar Quadersteine und Ziegelreste übrig geblieben sind.

Im Weiler **Falkenstein** mit zwei erhaltenen Wohn- und Wirtschaftsgebäuden des ehemaligen Schlosses, früher war dies die Vorburg, orientieren wir uns am Wegweiser »Eselsburg«. Nach unbedeutendem Abstieg lockt ein kurzer Stichweg zu einer lotrecht abstürzenden Mini-Schaukanzel. Kitzlig ist der Tiefblick auf das in diesem Bereich besonders malerische, verkehrsfreie Brenztal. Über dem Ostufer ragt der Bachfelsen auf. Ganz klar, einen schöneren Vesperplatz findet man nirgendwo.

Es ist kaum zu glauben, dass hier auf dieser winzigen, einst mit

Die beiden Steinernen Jungfrauen zählen zu den bizarrsten Felsformationen der Schwäbischen Alb.

Ganz versteckt im Talgrund liegt der Weiler Eselsburg.

Trag- und Futtermauern befestigten Kanzel, das so genannte Steinhaus, die ursprüngliche Burg, gestanden haben soll. Die Feste Falkenstein wurde 1258 erstmals erwähnt. Sie war damals im Besitz der helfensteinischen Lehensritter Rudolf und Swigger von Falkenstein. Nach der Schlacht bei Nördlingen im Jahr 1634 zerstörten Schweden und Franzosen die Anlage.

Viele der seltenen Pflanzen des Eselsburger Tals sollen aus dem Lust- und Ziergarten der Burg stammen. Ihr Name und jener des insgesamt gewaltig wirkenden Felsens stammt wohl von einer Lieblingsbeschäftigung der ehemaligen Burgherrin, der Falkenjagd. Betriebsschwerpunkte der heutigen Domäne Falkenstein sind Saatguterzeugung und Schweinemast.

Erstarrte Jungfern am Wegesrand

Wir gehen zurück zum Weg und folgen weiter dem »Hauptwanderweg 4« Richtung Bissingen. Eine Pfadspur führt zu Beginn am Waldrand entlang und später innerhalb des Waldes stets geradeaus. Bei einem Wanderparkplatz weist die Beschilderung »Eselsburg« auf einen Forstweg. An der nächsten Gabelung geradeaus talwärts spazierend, kommen wir an der etwa 30 Meter langen Spitzbubenhöhle vorbei, die sich ein Stück rechts oberhalb des Weges öffnet. Die Tatsache, dass die Klemmerhöhle südlich von Anhausen in der Wanderkarte auch mit »Spitzbubenhöhle« benannt ist, verwirrt ein wenig.

Im Talgrund bringt uns ein Wirtschaftsweg rechts zu dem in einem steilen Seitentälchen angesiedelten Weiler **Eselsburg,** in dem es eine Einkehrmöglichkeit gibt. Der Richtungszeiger »Steinerne Jungfrauen« lenkt uns auf ein schmales Sträßchen, an Sonn- und Feiertagen ist es sogar für den öffentlichen Verkehr gesperrt.

Am Ortsende können geschichtlich interessierte Wanderer

jenseits der Brenz in einer Viertel-
stunde auf dem Wanderweg Richtung Anhausen hinauf zum Buigen
steigen. Dort deuten Wälle und Gräben auf eine wahrscheinlich kelti-
sche Befestigungsanlage hin. Man
hat auch Scherben aus der Urnen-
felderzeit gefunden.

Gespannt bummeln wir nun
durch das seit Anhausen meist nur
am Rand berührte Naturschutzgebiet. Linker Hand säumen herrliche
Laubmischwaldhänge das idyllische
Flusstal. Zur Rechten faszinieren in
den versteppten Hängen mit vereinzelten Wacholdern, Fichten und
kleinen Kiefern die unterschiedlichsten Felsbildungen. Die Brenz musste
sich hier durch die hartnäckigen
Weißjura-Riffkalke hindurchfressen.
Eine ungeheuerliche Schufterei.

Noch eine Straßenbiegung, dann
bannen – direkt nach einem der wiederholt auftauchenden Rastplätze –
in einer wildromantischen Ecke zwei
schneidige Felsnadeln unsere Blicke:
ein landschaftlicher Höhepunkt der
Schwäbischen Alb. **Steinerne Jungfrauen** werden sie genannt. Bei den
grazilen Damen, deren obere Kör-
perteile künstlich befestigt sind, soll
es sich der Sage nach um versteinerte Mägde handeln. Diese wurden
einst wegen eines Vergehens beim
Wasserholen an der Brenz von jener
Gräfin verhext, die in der Eselsburg
oberhalb des Ortes gehaust hatte.
Doch noch in selbiger unheilvollen
Nacht folgte die Rache. Durch einen
Blitzschlag brannte die Burg mitsamt
der Gräfin nieder.

Heute ist von dem historischen
Gemäuer der Eselsburg, deren Besitzer oft wechselten, kaum mehr
etwas zu sehen. Nördlich des Burg-
platzes existieren ein paar enge,
kaum besuchenswerte Höhlen: der
Hohle Fels, das Hölzlesloch, die Kü-
bel- und die Dohlenhöhle. Auch die
in der Karte vermerkten beiden
Höhlen nördlich der Steinernen
Jungfrauen bieten für den Wanderer nichts Besonderes.

Zwischen dem bizarren Felsen-
paar und dem Brenzufer mit seinen
Feuchtbiotopen setzt der seichte,
kleine Eisweiher einen weiteren Ak-
zent in die Märchenlandschaft. Zu
den Besonderheiten des Tales gehört
auch die artenreiche Pflanzen- und
Tierwelt. Hunderte verschiedener

*Stimmungsvoll strömt die Brenz
durchs Eselsburger Tal.*

Felsenstotzen und -spitzen krönen die Hänge oberhalb der Brenz.

Blütenpflanzen- und etwa 80 Brutvogelarten hat man gezählt. Die Kalkmagerrasen der sonnigen Hanglagen bringen beispielsweise eine typische Heidevegetation hervor.

Schnell vergeht die Zeit mit Schauen und Entdecken. Aber unsere Erlebniswanderung neigt sich ohnehin dem Ende zu. Da bedarf es erst recht keiner Eile mehr.

Am Anfang von **Herbrechtingen** ist über eine Flussbrücke das Heimatmuseum in der Sägemühle zu erreichen. Wenig später passieren wir die evangelische Pfarrkirche. Diese geht auf die Stiftskirche des im Jahr 777 gegründeten Klosters zurück, von dem nur ein paar Reste übrig geblieben sind. Kurioserweise ist der romanische Glockenturm, in dem sich auch eine Kapelle befindet, durch den Friedhof von der Kirche getrennt. Gehwege leiten über die Brenz zurück zum Bahnhof.

Tourensteckbrief

Herbrechtingen (470 m) – Bolheim (486 m) – Anhausen (475 m) – Falkenstein (517 m) – Eselsburg (480 m) – Steinerne Jungfrauen (470 m) – Herbrechtingen (470 m).

Ausgangsort: Herbrechtingen, Bahnhof, Züge von Ulm und Aalen.
Routenlänge: 17 Kilometer.
Gehzeit: 5 Stunden.
Höhenunterschied: 140 Meter.
Wege: Ausreichend markierte Pfade, mitunter auch Pfadspuren und Gehwege, kurze Abschnitte auf Forst- und Wirtschaftswegen, zuletzt ein kaum befahrenes Sträßchen. Kurze Anstiege. Ein wenig Orientierungssinn ist vorteilhaft.
Für Kinder geeignet: Nein.
Auch als Radtour zu empfehlen: Nein.
Einkehrmöglichkeiten: Bolheim, Anhausen und Eselsburg.
Karte: Wanderkarte des Landesvermessungsamtes Baden-Württemberg, Blatt 16 »Aalen – Heidenheim«, Maßstab 1 : 50 000.

Durchs Langenauer Ried zum Hohlenstein

Zwischen radfreundlichen Niederungen und geheimnisvollen Albhöhlen

Von Elchingen bis Gundelfingen dehnt sich das riesige Donauried aus. Zumindest dem Namen nach. Denn von der ursprünglichen Riedlandschaft ist nicht mehr allzu viel übrig. Diese hat sich weitgehend längst zu landwirtschaftlichen Ertragsflächen gewandelt. Dennoch lohnt sich eine Fahrradtour in der ungewöhnlichen Weite durchaus. Vor allem weniger trainierte Gelegenheits-Radwanderer werden die Leichtigkeit schätzen, mit der man hier fern von jeglichem Autoverkehr durch die Lande kutschieren kann. Auf den komfortablen Riedsträßchen rollen die Reifen fast von allein.

Die einzigen Steigungen in dieser Gegend sind in der Ferne, am Südabfall der Schwäbischen Alb auszumachen. Und genau diese Hürde haben wir auf dem Weiterweg unserer charakterlich ganz klar zweigeteilten Kurverei zu nehmen: vom Tiefland auf die Alb. Aber erst, nachdem wir per pedes unseren Entdeckungsdrang im fremdartig wirken-

Die Nau bei Langenau bezieht einen Teil ihres Wassers unterirdisch von der abschnittsweise versickernden Lone.

51

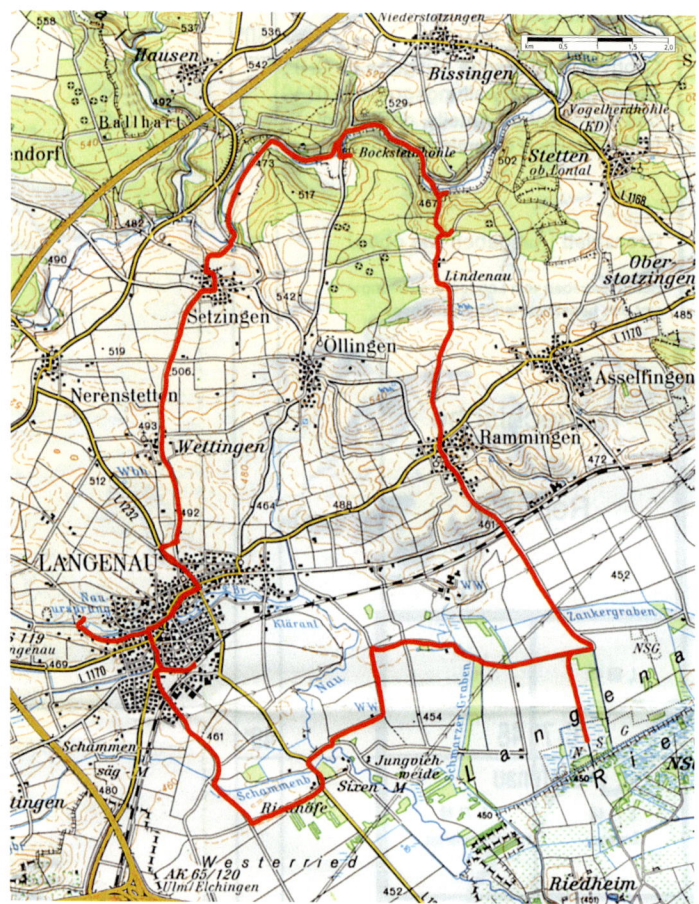

den Naturschutzgebiet des zentralen Langenauer Riedes gestillt haben. Im ebenfalls Wanderern und Radfahrern vorbehaltenen unteren Lonetal erwarten uns dann zwei bedeutende Höhlen, bevor die Langenauer Stadt-Erkundung mit einem Besuch des Nau-Ursprungs den aufschlussreichen Freizeitspaß beschließt.

Ein köstlicher Verhau

Wir orientieren uns beim Bahnhof in **Langenau** am Radwegweiser »Ulm« und fahren nach dem Handelshof zum Gasthaus Linde. Dort lenkt die Rad-Beschilderung auf die Tour 3 des Alb-Donau-Kreises. Hinter dem Bahnübergang pedalieren wir an der Reithalle vorbei und auf einem verkehrsfreien Sträßchen über die Ackerebene hinaus ins Langenauer Ried, einem Teil des weitläufigen Donauriedes, das mehr als zur Hälfte den Bayern gehört. Dort nennt man es Donaumoos.

Wir folgen weiter der ausgewiesenen Tour 3. Einzelne Baumgruppen, Alleen und Gebüschreihen verleihen der anfangs monotonen Landschaft Konturen. Grasland löst die Felder ab. Nach dem Stadtteil **Riedhöfe** geht's über die Naubrücke. Auf einem Wirtschaftssträßchen setzen wir die Erholungsfahrt fort, wobei stets die Markierung im Auge zu behalten ist.

Kein Haus weit und breit. Ein paar Gleichgesinnte nur oder eine gelegentlich herantuckernde Zugmaschine. Vor allem bei Nebel oder im Winter kann man hier leicht der Melancholie verfallen, zumal wenn man allein unterwegs ist. An einer mehrfach beschilderten Verzweigung ist unsere Route auch Richtung Rammingen ausgeschildert. Hier kommt das Wasserwerk Donauried in Sicht, das als eines der modernsten der Welt gilt. Das »Riedwasser« versorgt über 2,5 Millionen Menschen im Stuttgarter Raum.

Nach ein paar skurril verrotteten Baumstümpfen zweigt ein mit blauem Dreieck bezeichneter Feldweg ab. Hier wollen wir die Möglichkeit wahrnehmen, zu Fuß ins Herz des Langenauer Riedes vorzustoßen.

Wo der Weg schon nach kurzem abknickt, begleitet eine Fahrspur einen Wassergraben in ein Naturschutzgebiet. Die bislang erlebte Einsamkeit erfährt tatsächlich noch eine Steigerung. Beachtliche Niedermoorflächen mit Rohrkolbeninseln und Schilfzonen empfangen uns. Gebietsweise zeigt sich das Ried hier ziemlich verbuscht, dann nimmt es fast wieder Savannen-Charakter an. Ein wirklicher »Natur-Verhau«, wie man ihn nur höchst selten zu Gesicht bekommt.

Verrottet und doch noch Lust zu leben: am Rand des Donauriedes

Naturschutzgebiet im zentralen Langenauer Ried

Am Grenzgraben machen wir uns auf den Rückweg. Bis hierher reicht das rund 1200 Hektar umfassende, bayerische Projekt »Gundelfinger Moos« der Arbeitsgemeinschaft »Schwäbisches Donaumoos« mit einem 225 Hektar großen Naturschutzgebiets-Kern. In diesen überwiegend von intensiv genutztem Grünland und Äckern bestimmten Flächen soll die Landwirtschaft gebietsspezifischen Naturschutz in ihre Arbeit integrieren. Ziel ist die Erhaltung einer offenen, intakten Riedlandschaft. Mit der Stabilisierung des Wasserhaushaltes will man wertvolle Feuchtbiotope bewahren und neue Moor- und Gewässerlebensräume schaffen. Alte Torfstiche werden entbuscht, brachliegende Streu- und Futterwiesen wieder gepflegt.

Zu den Lonetal-Höhlen

Wieder auf der Hauptroute löst nach dem Queren der Bahnlinie Ulm – Heidenheim die Alb-Auffahrt nach **Rammingen** endlich die lange »Faulenzerei« ab. Man gerät direkt ins Schwitzen. Hinter der vielgestaltigen katholischen Backstein-Pfarrkirche Sankt Georg befindet sich der zum Gasthaus Adler gehörende Burghügel mit der Ruine Burstel. Die im Jahre 1127 erbaute und 1393 zerstörte Redenburg, von der noch Mauerreste übrig geblieben sind, war im Besitz ortsadeliger Lehensleute.

Am Ortsende dirigiert uns das gewohnte Rad-Täfelchen auf ein stilles Sträßchen, das bald mit einer kurzen Abfahrt aufwartet. Eine letzte kleine Steigung bringt uns zum Weiler Lindenau, einem ehemaligen Kloster mit Wallfahrtsstätte. Dann rauschen die Reifen auf einem Forstweg hinunter ins Lonetal. Dort machen wir einen diesmal kurzen Abstecher zu Fuß zum Hohlenstein. Es handelt sich dabei um zwei Höhlen mit beachtlichen Eingangsgewölben. Wertvolle Steinzeitfunde, unter anderem eine menschenähnliche Figur aus Elfenbein, kamen bei Untersuchungen zum Vorschein. In einer der beiden Höhlen, der so genannten Bärenhöhle, fand der Geologe Oskar Fraas bei der ersten urgeschichtlichen Höhlengrabung Württembergs im Jahre 1862 unter anderem 100 Bärenschädel.

Der andere Felsenschlund, Stadel genannt, war früher – auf Anlass der Reichsstadt Ulm hin – vermauert gewesen, um zwielichtigen Gestalten keine Zufluchtsstätte zu bieten. Nach dem Entfernen der Mauer vor dem Zweiten Weltkrieg stieß man auf die Kopfbestattung einer ganzen Familie, eine spezifische Bestattungssitte des Mesolithikums.

Zurück auf dem Weg überqueren wir anschließend auf einer Holzbrücke das bescheidene Loneflüsschen. Wir entscheiden uns nun für den Richtung Setzingen ausgeschilderten Wirtschaftsweg, einen Abschnitt des »Hauptwanderwegs 4«. Wo dieser Kurs durch das schmale Wiesental in die Kreisstraße von Bissingen mündet, folgen wir dieser kurz zu einer Talerweiterung. Dort setzt sich die landwirtschaftliche Fahrbahn fort.

Vorher schalten wir aber noch eine kleine Tourenerweiterung ein. Gleich hinter der Flussbrücke leitet eine Pfadspur über die Wiese und ein kleines Stück den Waldhang empor zur stattlichen Bocksteinhöhle mit mehreren Felsenlöchern und Grotten. Durch einen engen Eingang könnte man ins ungewisse Innere kriechen. Funde aus der Altsteinzeit

Blick aus der Bocksteinhöhle

Im Langenauer Stadtpark

sowie Keramikgegenstände aus späteren Zeiten erzählen von den früheren Bewohnern. Die Bocksteinhöhle ist eine so genannte Brandungshöhle, gestaltet von der Erosionskraft des fließenden Wassers.

Nach einer abermaligen Verengung des Tales beginnt die Teerdecke. An einer Kläranlage lenkt man über die Lonebrücke und schiebt gleich wieder rechts die knackige Steige bergauf nach **Setzingen**. In der Ortsmitte bei der Bartholomäuskirche nimmt man die ansteigende Kirchstraße und hält sich beim Hammond-Orgel-Studio links. Die verkehrsarme Kreisstraße führt über die Albhöhe nach **Wettingen** und schließlich nach **Langenau**.

Städtische Naturdenkmale

Bevor wir den Bahnhof ansteuern, machen uns noch ein paar Sehenswürdigkeiten neugierig. Die Ursprünge Langenaus gehen bis in die Römerzeit zurück. Beispielsweise befand sich dort, wo heute die evangelische Pfarrkirche Sankt Martin steht, zuvor ein römischer Tempel. Die alte fränkische Missionskirche mit dem 63 Meter hohen Turm besticht vor allem durch ihren barocken Hochaltar. Hinter der Kirche begeben wir uns rechts in die Urismühlgasse. Abermals rechts in die Badgasse einschwenkend kommen wir zum so genannten Löffelbrunnen. Dieser beachtliche Quelltopf am Gasthof Zum Bad

stellt eines der Langenauer Natur-
denkmale dar.

Anschließend zieht es uns in den
Stadtpark Wörth mit dem intakten
Mühlrad der ehemaligen, seit 1377
erwähnten Bunzenmühle. Dieses
ebenfalls denkmalgeschützte Mu-
seumsstück am Baderweiher weist
immerhin einen Durchmesser von 5
Metern auf. Vom Rathaus rollen wir
am beeindruckenden Steigerhaus
aus dem Jahre 1610 vorbei zum
einstigen Pfleghof des Klosters Anhausen. Die kulturelle Drehscheibe
Langenaus lässt teilweise noch alte
Bauteile erkennen. Ein vor- und früh-
geschichtliches Museum zeigt dort
unter anderem steinzeitliche Funde
aus dem Lonetal. Im selben Haus,

neben dem ein betagter Radbrun-
nen mit Viehtränke auf sich aufmerksam macht, befinden sich die
Ungarndeutschen Heimatstuben.

Wir fahren zurück Richtung Rathaus und nehmen nun noch die
Wasserstraße zum Nau-Ursprung.
Bei dem kleinen, unberührten
Feuchtgebiet am Stadtrand, dem
letzten Naturdenkmal für heute, an
dem wir vorbeikommen, steht auch
ein Naturfreundehaus. Auf einer
Geländestufe verlockt ein nettes
Rastplätzchen zu einer abschließen-
den Erholungspause. Ist man wieder
in der Stadt, so gelangt man auf der
Flötzbachstraße und danach Richtung Elchingen zurück zum Bahnhof.

Am Baderweiher in Langenau

Tourensteckbrief

Langenau – Riedhöfe (5 km) – Rammingen (10 km) – Setzingen
(11 km) – Wettingen (2 km) – Langenau (8 km).

Ausgangsort: Langenau, Bahnhof (458 m, Parkplatz), Zug von Ulm.
Routenlänge: 36 Kilometer.
Fahrzeit: 3 1/4 Stunden (mit Fußabstecher ins Naturschutzgebiet im
     Langenauer Ried insgesamt eine Stunde mehr).
Höhenunterschied: 150 Meter.
Straßen und Wege: Verkehrsarme Nebenstraßen, Wirtschafts- und
     Forstwege, drei Abstecher (zu Fuß) auf Fahrspuren und Pfaden.
     Kurze, mitunter kräftige Steigungen. Etwas Orientierungssinn ist
     hilfreich.
Für Kinder geeignet: Ja, aber Ausdauer erforderlich.
Auch als Wanderung zu empfehlen: Nein.
Karte: Wanderkarte des Landesvermessungsamtes Baden-Württem-
     berg, Blatt 19 »Ulm – Blaubeuren«, Maßstab 1 : 50 000.

Vom Blaufels zur Ruine Günzelburg

Über dem Tal der Ur-Donau

Blaubeuren mit seiner noch erhaltenen spätmittelalterlichen Altstadt ist unbestritten einer der meistbesuchten Punkte der Schwäbischen Alb. Naturfreunde, die von dort einen Ausflug in die Blaubeurer Alb planen, um sich zu erholen, brauchen jedoch keine verstopften Wanderwege zu befürchten. Die meisten Leute lieben bekanntlich die Geselligkeit und die findet sich natürlich rund um den berühmten Blautopf und das Kloster. Schon wenige Minuten davon entfernt versiegt der Menschenstrom und man begegnet nur noch ein paar Gleichgesinnten.

Vom Blaufels aus präsentiert sich das Städtle besonders eindrucksvoll. Einem Spielzeugdorf gleich schmiegt es sich um den anmutigen Umlaufberg. Wer hätte nicht schon einmal den Wunsch gehegt, dort hinaufzusteigen? Kann man von der schroffen Aussichtswarte aus zurückblicken in jene Zeit, als hier noch die Donau vorbeifloss? Schieben wir das viel versprechende Vorhaben nicht länger auf!

Einmal oben auf der Albhöhe wollen wir die Vielgestaltigkeit der Blaubeurer Umgebung, in der sich bereits während der Altsteinzeit Menschen aufhielten, noch etwas ausgiebiger inspizieren. Herrliche Wanderwege führen, weiterhin ohne große Anstrengung, durch

Der kreuzgeschmückte Rucken am Stadtrand von Blaubeuren

59

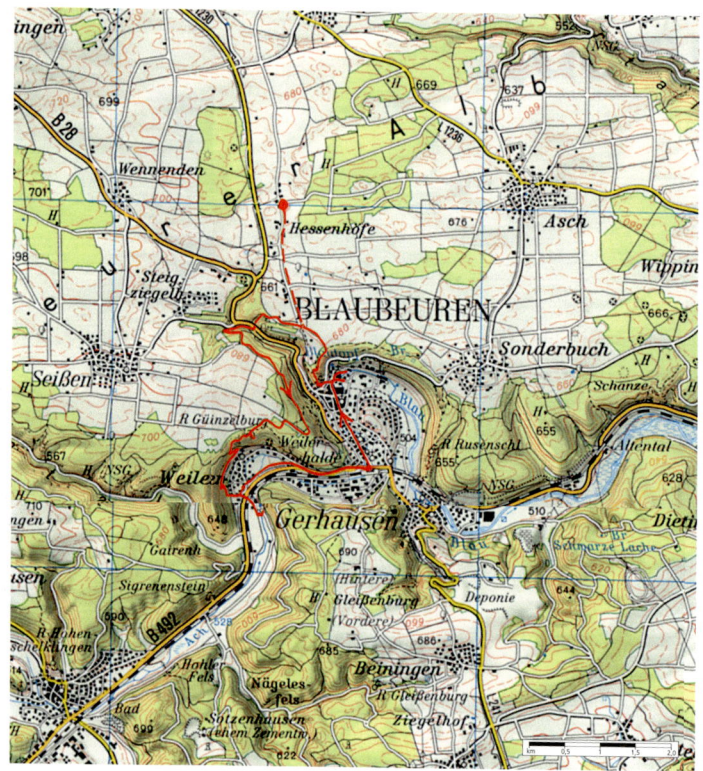

den Seligengrund zur ebenfalls aus-
sichtsreichen Ruine Günzelburg
und hinunter in die Weiler Tal-
biegung, wo als letzte Station noch
das Geißenklösterle unsere Neu-
gierde weckt.

Geheimnisvoller Blautopf

Wir queren am Bahnhof in **Blaubeuren** die Bundesstraße und
schlendern auf dem Gehsteig der
Karlstraße, einer lebendigen Ge-

schäftsstraße, hinein ins Städtle.
Rechter Hand erhebt sich der kreuzgeschmückte Rucken mit dem
Metzgerfelsen, im Volksmund
»Klötzle Blei« genannt, und dem
Bismarckfelsen ganz im Süden.
Nach dem Urgeschichtlichen Museum und der evangelischen Stadt-
kirche kommen wir zum Rathaus
und dem Marktplatz mit seinem
hübschen Brunnen. Alte, sehenswerte Fachwerkbauten lenken den
Blick auf sich. Besonders das Kleine

Große Haus und das Große Haus, das Alte Oberamt und der Hohe Wil stechen ins Auge.

Die Klosterstraße bringt uns zum berühmten Blautopf. Der größte Quelltopf der Alb, ein in der Tat meist wunderbar blau gefärbter Karsttrichter, ist 21 Meter tief. Er bot immer wieder Stoff für viele Sagen, unter anderem auch für Eduard Mörikes »Schöne Lau«. Das Oberflächenwasser aus einem Sammelgebiet von etwa 150 Quadratkilometern schießt hier mit einer Schüttung von 300 Litern pro Sekunde, im Sommer bei starken Regengüssen oder während der Frühjahrs-Schneeschmelze mit bis zu 25 000 Litern pro Sekunde, aus dem tiefen Trichter.

Hinter dem Quelltopf mit dem plätschernden Wasserrad versteckt sich die Blautopfhöhle, aus der der Wasserstrudel hervorquillt. 1985 entdeckte der Höhlenfoscher Jochen Hasenmayer bei einem Tauchgang eine riesige Halle, teilweise mit Luft gefüllt: den 25 Meter breiten, 30 Meter hohen und 125 Meter langen Mörikedom. Es ist die bislang größte Halle aller Höhlen der Schwäbischen Alb überhaupt. Hasenmayer erreichte sie – nach mehreren Anläufen seit 1969 – auf einer abenteuerlichen Tauchfahrt, die ihn 1250 Meter tief in das Höhlensystem führte. Nur schwer vermag man sich von diesem idyllischen Winkel wieder zu trennen.

Lohnenswert ist auch noch eine Besichtigung der alten Hammer-

Auch für Radwanderer ein begehrtes Ziel: der Blautopf

schmiede, ehemals städtisches Wasserwerk und Schleifmühle, und des Klosters mit der Badstube. Die Grafen von Ruck und Tübingen erbauten im Jahr 1085 ein kleines Kloster anstelle der früheren Johanniskapelle. 1983 kamen bei einer archäologischen Untersuchung im Zuge der Renovierungsarbeiten im Schiff der ehemaligen Klosterkirche Überreste der Kapelle ans Tageslicht. Vom Gründungsbau sind noch Reste im Kreuzgang und im Kapitelsaal erhalten geblieben. Der erste

Ehemalige Badstube des Klosters Blaubeuren

Abt war der Benediktiner Azalinus, der aus dem Kloster Hirsau im Schwarzwald kam, er lebte und arbeitete hier zusammen mit zwölf Mönchen.

Als sich die Donau aus dem Staub machte

Zurück am Gasthof Zum Waldhorn achten wir auf das gelbe Dreieck Richtung Blaufels. Nach einem Treppenaufstieg queren wir die nach Sonderbuch führende Straße und gewinnen auf dem Waldwanderweg trotz der kraftsparenden Serpentinen rasch an Höhe. An einer Verzweigung wechselt unsere Route in einen Pfad. Wir passieren ein paar Felstürme, und weiter reiht sich Windung an Windung.

Eine letzte Geländestufe ist noch zu bewältigen, empor zur Fahnenstange auf dem Aussichtspunkt **Blaufels**. Dann steht man gebannt an der jäh abstürzenden Felsenkante und genießt den faszinierenden Tiefblick auf das eng gedrängte Häusermeer von Blaubeuren mit dem charakteristischen Umlaufberg, umkränzt von einem prachtvollen Mischwaldring.

Das Blautal zeugt von einer wechselvollen Flussgeschichte. Die breite Talaue stammt noch aus der Rißeiszeit. Damals beschrieb die Ur-Donau einen weiten Bogen nördlich um das Hochsträß. Während der Sommermonate hobelte der kraftvolle Schmelzwasserstrom mit seiner schweren Gesteinsfracht zunehmend die Talflanken aus. Nach der vorletzten Eiszeit, während der die Gletscherströme aus dem Alpenraum am weitesten gegen die Schwäbische Alb vorgerückt waren, bahnte sich die Donau einen neuen Weg südlich ums Hochsträß.

Angesichts des verhältnismäßig geringen Gefälles wundert man sich über die offensichtlich mächtige Erosionskraft dieses Urstromes. Wie lange muss der zum Blautopfhang hin erodierende Stromstrich am Albgestein genagt haben, bis er diesen imponierenden Prallhang geschaffen hatte? Wäre es der alten Donau noch ein paar Jährchen vergönnt gewesen, am Schlingenhals des Umlaufberges zu fressen, hätte sie den Urstrom-Mäander eines Tages sicherlich durchgebissen.

Der umworbene Rucken mag sich wohl gefragt haben, weshalb dieser Urstrom zunehmend träger wurde. Was wusste er schon von der tektonischen Heraushebung der Albtafel. Irgendwann plätscherte überhaupt nur noch ein verhälnismäßig klägliches Rinnsal durch die weite Schlinge. Genauer gesagt waren es zwei liebliche Wasserläufe die sich da ins gemachte Bett gelegt hatten. Mutter Donau war längst über alle Berge. Die aus der Schelklinger Gegend kommende Ach und die neugeborene Blau hatten sich in der Biegung, wo heute das Kloster steht, zu einem gemeinsamen Weiterweg entschieden. Diese beiden strömten fortan durchs viel zu weite Bett der neuen Donau zu, weit draußen, wo die Bergeshöhen zurücktraten.

Durch den Seligengrund

Der Wegweiser »Günzelburg« schickt uns nun nur noch kurz bergauf zum Blauberg. Auf einem mit gelbem Dreiblock markierten Feldweg spazieren wir über die aussichtsreiche Anhöhe. Auf dem nach Bühlenhausen verlaufenden Teersträßchen lohnt sich der insgesamt etwa eine Dreiviertelstunde dauernde Abstecher zu den Hessen-

höfen. Der hintere Hof hat sich eine besonders schön gelegene Hülbe bewahrt.

Nach einer kurzen Wegverbreiterung versäume man nicht die bezeichnete Abzweigung eines etwas verwachsenen, talwärts leitenden Pfades. Auf der Straßenseite des linker Hand befindlichen Bergsporns öffnen sich die Silbersandhöhlen, in denen man im 19. Jahrhundert nach Dolomitsand gegraben hat.

Im **Seligengrund** kreuzen wir die Bundesstraße Blaubeuren – Bad

Kloster Blaubeuren

Tiefblick vom Blaufels auf Blaubeuren

Urach und folgen einem weiterhin mit gelbem Dreiblock ausgewiesenen, sanft steigenden Wanderweg. Dieser geht wenig später in einen Waldweg über, der auf der Albhöhe am Waldrand von einem Pfad unterbrochen ist. Ab der Wegteilung bei einer abgestorbenen Fichte ist es nicht mehr weit, bei einem Jägerstand eine Pfadabzweigung beachtend, zur **Ruine Günzelburg**. Wieder einer dieser Parade-Aussichtspunkte, den man nicht so schnell vergisst. Vom einstigen Stammsitz der Grafen von Schmiechen sind allerdings nur noch ein Graben und kaum mehr erkennbare Mauerreste übrig.

Auf gemütlichen Pfadkehren wandern wir jetzt bergab Richtung Weiler. Bei einer etwas versteckten Hütte oberhalb des Stadtteils biegen wir rechts in einen Waldweg ein und schlendern bald abermals auf einem Pfad am Berghang entlang. In **Weiler** geht es bei den ersten Häusern rechts vollends hinunter zur Achtalstraße.

Waren Sie eigentlich schon mal im Geißenklösterle? Kein sakraler Bau mit entfremdendem Namen, sondern eine Höhlenruine. Wenn nicht, dann reicht die Zeit gerade noch für einen zusätzlichen Entdeckungsgang. Im Nu gelangt man, nachdem man die B 492 gequert hat, auf einem Sträßchen und zuletzt mittels weniger Pfadserpentinen zu dem begeisternden Ausflugsziel jenseits der Ach.

Im **Geißenklösterle**, das sich als wilder Felsengarten mit mehreren Durchschlupfen präsentiert, kamen von der Steinzeit bis ins Mittelalter zahlreiche Funde zum Vorschein. Außer Knochen von Bär, Wildpferd, Ren und Steinbock sowie Nashorn und Mammut entdeckte man auch Elfenbein-Anhänger und Speerspitzen aus Knochen und Elfenbein.

Der Radweg zum Bahnhof von **Blaubeuren** schenkt uns abschließend einen schönen Rückblick zum Günzelburgfelsen. Noch so manche Sehenswürdigkeit gäbe es zu bestaunen in und ums liebenswerte Blaustädtchen. Auf dem letzten Abschnitt spitzelt beispielsweise über

dem östlichen Ortsteil von Weiler das so genannte Felsenlabyrinth aus dem Hangwald mit der Brillenhöhle und der Runden Grotte sowie der eigenwilligen Formation des Naturfensters Küssende Sau, in der sich ein paar weitere kleine Höhlen verstecken.

Aber auch die Ostseite der Blauschleife beherbergt einige prächtige Ausflugsziele. In Blaubeuren selbst bieten sich vor allem das Heimatmuseum oder das schon erwähnte Urgeschichtliche Museum zu einem Besuch an. Viel zu viel für einen einzigen Wandertag. Aber es ist ja noch nicht aller Tage Abend.

Tourensteckbrief

Blaubeuren (513 m) – Blaufels (654 m) – Seligengrund (615 m) – Ruine Günzelburg (685 m) – Weiler (530 m) – Geißenklösterle (584 m) – Blaubeuren (513 m).

Ausgangsort: Blaubeuren, Bahnhof (Parkplatz), Zug von Ulm.
Routenlänge: 14 Kilometer.
Gehzeit: 4 1/2 Stunden.
Höhenunterschied: 300 Meter.
Wege: Meist gut bezeichnete Pfade, Wander- und Waldwege, zuletzt Radweg. Mäßig steile Aufstiege.
Für Kinder geeignet: Ja (Ausdauer erforderlich).
Auch als Radtour zu empfehlen: Nein.
Einkehrmöglichkeit: Weiler.
Karte: Wanderkarte des Landesvermessungsamtes Baden-Württemberg, Blatt 19 »Ulm – Blaubeuren«, Maßstab 1 : 50 000.

Aus dem Achtal auf das Hochsträß

Komfortwanderwege für die leichte Muße

Das im Westen von der Schmiech und der Ach, im Norden von der Blau und im Süden und Osten von der Donau begrenzte Hochsträß ist eine touristisch unbedeutende Randlandschaft der Schwäbischen Alb. Allenfalls aus den umliegenden Städten und Dörfern bekommen die sparsam verteilten Wanderwege gelegentlich Zulauf.

Dabei gibt es hier wie in anderen Albregionen stille Wälder und felsgeschmückte Täler, Burgruinen und Höhlen, freundliche Dörfer mit ein-

Weißer Jura im Schelklinger Steinbruch

ladenden Gasthäusern sowie andere landschaftliche und kulturelle Besonderheiten, die sich lohnen, näher unter die Lupe genommen zu werden. Aber eben auch reichlich Ackerland, was viele Naturfreunde etwas abschreckt. Und die Bergeshöhen vermögen natürlich so mancher Erhebung der benachbarten Blaubeurer Alb nicht ganz das Wasser zu reichen. Hier ist eben alles ein bisschen bescheidener, ein bisschen unauffälliger. Dafür aber auch nicht so in aller Munde.

Wer bequeme Wege für die leichte Muße sucht und sich in erster Linie unterwegs erholen möchte, der folge uns von Schelklingen auf einsamem Waldkurs hinauf nach Sotzenhausen und über Pappelau und durchs romantische Höllental zurück ins Achtal. Möglicherweise wird er dabei gar Lust auf weitere Hochsträßtouren verspüren. Wer weiß?

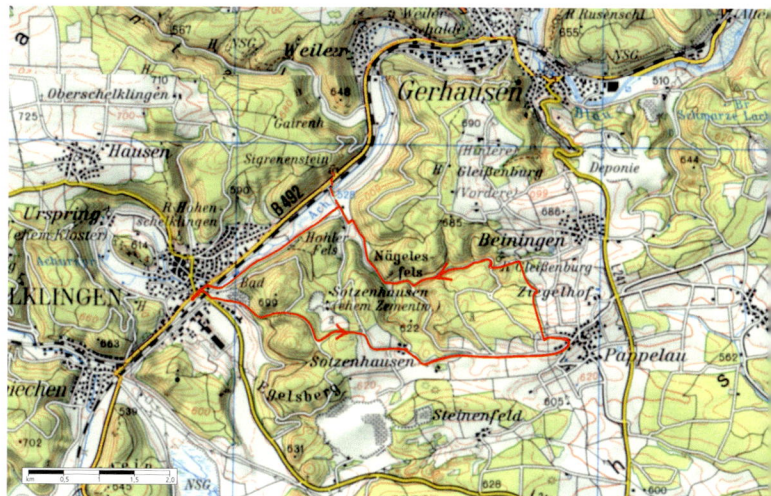

Verändertes Gesicht eines Tales

Schelklingen ist nicht nur Station der Donaubahn von Ulm über Sigmaringen nach Titisee-Neustadt. Seit 1999 bietet der alte Schienenbus »Ulmer Spatz« Ausflüglern die Möglichkeit, sonntags zwischen Mai und Oktober von der Münsterstadt aus auf der zuvor drei Jahrzehnte stillgelegten Linie über Schelklingen nach Münsingen und sogar noch weiter bis Gammertingen zu fahren.

Wir gehen vom Bahnhof Richtung Erbach durch die Bahnunterführung und biegen danach auf den mit rotem Dreiblock markierten Waldweg Richtung Pappelau ab. Über dem Städtchen thront die Burgruine Hohenschelklingen, die mit ihrem stolzen, quadratischen Bergfried noch beachtliche Überreste der einstigen Befestigung zeigt. Am westli-

Flurkreuz am Westrand des Hochsträß

67

Naturschutzgebiet bei Sotzenhausen

chen Stadtrand ragt der Herzjesuberg auf, auch Lützelberg genannt.
Dieser wurde noch bis vor etwa
200 000 Jahren ebenso wie der
Schelklinger Berg, beide waschechte
Durchbruchberge, von den Fluten
der Ur-Donau umspült. Die Schmiech
mündete erst bei Schelklingen in den
einstmals tieferen Talgrund der Ur-
Donau. Der Schelklinger Berg war zu
dieser Zeit noch mit der Großen Halde westlich von Schmiechen zusam-
mengewachsen.

Kurioserweise bildet der Südrand
der Stadt heute die Wasserscheide
zwischen Ach und Schmiech, die nun
in entgegengesetzter Fließrichtung
Ehingen zuströmt. Hinter dem
Herzjesuberg ergießen sich im Übrigen die beiden Karstquellen Ursprung
und Ach. Die Ursprung beim gleichnamigen Internat und Benediktiner-
kloster ernährt sich aus dem Einzugs-
gebiet um Breithülen, während die
Ach ihr Wasser aus der Gegend um
Justingen bezieht.

Durch artenreichen Wald streben wir dem Hochsträß zu. An der
Verzweigung nach dem Steinbruch
folgen wir dem obersten, kaum
mehr markierten Wegast. Die das
Hochsträß aufbauenden Weißjuraschichten sind, wie man sehen
kann, bedeutende Abbaustellen für
die Zementindustrie. An der Kreuzung auf der Anhöhe sowie am
nächsten Wegdreieck ist auf die Bezeichnung zu achten. Man findet
nun einen flachen Forstweg vor. Ab
einem schönen Flurkreuz wandert
man auf verkehrsfreiem Sträßchen
übers Acker-Hochland zum Weiler
Sotzenhausen.

Die anschließend auftauchende
denkmalgeschützte Wacholderheide verlangt, das Tempo auf dieser

zügigen Strecke ein wenig zu drosseln. Dann geht es wieder mit weiten Schritten dem Blaubeurer Ortsteil **Pappelau** entgegen, wo die gotische Kirche mit ihrem Spitzhelmturm, der auf einem romanischem Unterbau steht, einen Blick lohnt.

Durchs Höllental

Nach dem Gasthaus Zur Sonne schlagen wir den Gleißenburger Weg ein. Vor dem Sportplatz leitet ein ebenfalls mit rotem Dreiblock bezeichneter Wirtschaftsweg stets am Waldrand bergab. Beim nahe gelegenen Ziegelhof (östlich von uns) machte einst die Quelle der Pelzmühle als Jungbrunnen von sich reden: Mittels eines Bades konnte man dort angeblich seine jugendliche Haut zurückgewinnen.

Nach einem kleinen Pfadabschnitt begeben wir uns am Schlosshäldele links auf einen Forstweg. Zuvor könnte man noch den unbedeutenden Abstecher auf der Teerfahrbahn zu einer Kuppe und mit wegloser Wiesenquerung westlich zum Burgstall der längst verschwundenen Ruine Gleißenburg in Erwägung ziehen.

An Verzweigungen im herrlich verschwiegenen Höllental mit vereinzelten Felsbildungen wie dem Höllfels hält man sich einfach immer talwärts. Ein märchenhafter Tourenabschnitt, der für einen wohltuenden Einklang von Körper, Geist und Seele sorgt. Am Übergang ins flachere Riedental passieren wir den kühnen **Sotzenhauser Nägelesfels**.

Bald darauf mündet unser Kurs in der breiten Talaue der Ach in ein

Im Riedental endet der Abstieg von Pappelau.

Teersträßchen. Gleich danach nehmen wir links die mit »Tour 9« bezeichnete Radroute des Alb-Donau-Kreises.

Bedeutende Höhlen

Eine mögliche Tourenerweiterung leitet von hier in einer kappen halben Stunde über die Bahn und nach einem kurzen Bundesstraßenstück auf einem Pfad zum Felsfuß des bereits sichtbaren Sirgensteins. Das einzige schriftliche Zeugnis von der

Über den Auen der Ach protzt der kecke Sirgenstein.

einstigen Burg Sirgenstein sowie die erste festgehaltene Mitteilung über die darunter befindliche Höhle stammt vom Dominikaner Felix Fabri aus Ulm.

Dieser berichtete 1488, dass derjenige, der die gewaltige Aushöhlung betrete, wohl glauben müsse, Gott habe sie einem riesigen Unhold als Wohnplatz geschaffen. Mit dem seitlich gelegenen Steinblock, so nahm Fabri an, hätten die muskulösen Felsenmonster den Eingang verschlossen. Beim Bau der Trasse für die neue Bundesstraße 492 kam ein mächtiger Buckelquader zum Vorschein, der heute noch, mit einer kleinen Gedenktafel versehen, den Straßenrand ziert. Er deutet auf einen ansehnlichen früheren Adelssitz hin.

Im Jahr 1906 deckte der Tübinger Professor Robert Rudolf Schmidt in der gut 40 Meter langen und durch Deckenöffnungen erhellten ehemaligen Flusshöhle mit ihren zwei Hallen Funde auf, die bis in die Zeit der Neandertaler zurückreichen. Die Höhle ist frei zugänglich.

Auf einem bald geteerten Wirtschaftsweg kommen wir an einem eleganten Kalkobelisk vorbei. In diesem befindet sich die Höhle **Hohler Fels**, in der jedes Jahr ein Höhlenfest gefeiert wird. Normalerweise ist die Höhle aber verschlossen, den Schlüssel bekommt man jedoch im nahen Freibad. Nach dem Eingangsportal mit Schautafeln stößt man auf eine der geräumigsten Hallen der Schwäbischen Alb: 23 Meter hoch und 120

Meter lang. Zwei Gänge gehen nach beiden Seiten hin ab. Verschiedene Gegenstände hat man hier gefunden: Steinzeitwerkzeuge, Knochen-Speerspitzen, Anhänger aus Elfenbein, eine Geweihharpune und natürliche Knochenreste, unter anderem vom Eisfuchs.

Kurz nachdem wir am Freibad vorbeigekommen sind, treffen wir wieder in **Schelklingen** ein. Wer sich für Fresken interessiert, sollte sich einen Besuch der Sankt-Afra-Kapelle nicht entgehen lassen. Die Malereien im Chor, ein Christuszyklus und eine Reihe von Heiligenmartyrien, werden als die bedeutendsten hochgotischen Zyklen Schwabens bezeichnet. In der mittelalterlichen Altstadt finden sich noch weitere Sehenswürdigkeiten wie das Rathaus, das Gasthaus Zum Rössle oder das Wernausche Schlössle. Eine Besonderheit des Heimatmuseums ist die Dauerausstellung zur Geschichte des Häfnerhandwerks, die an die früher hier ansässigen Häfner erinnert.

Tourensteckbrief

Schelklingen (530 m) – Sotzenhausen (630 m) – Pappelau (660 m) – Sotzenhauser Nägelesfels (555 m) – Hohler Fels (534 m) – Schelklingen (530 m).

Ausgangsort: Schelklingen, Bahnhof (Parkplatz), Zug von Ulm.
Routenlänge: 15 Kilometer.
Gehzeit: 4 Stunden.
Höhenunterschied: 130 Meter.
Wege: Überwiegend bezeichnete Forst- und Wirtschaftswege, längerer Abschnitt auf verkehrsfreiem Sträßchen, ein kurzes Stück Pfad. Orientierungssinn vorteilhaft.
Für Kinder geeignet: Nein.
Auch als Radtour zu empfehlen: Ja, aber kleiner Schiebeabschnitt, Mountainbike vorteilhaft (als Radtour auch für Kinder geeignet).
Einkehrmöglichkeit: Pappelau.
Karte: Wanderkarte des Landesvermessungsamtes Baden-Württemberg, Blatt 19 »Ulm – Blaubeuren«, Maßstab 1 : 50 000.

Prunk und schlichte Ländlichkeit

Das südliche Hochsträß kennen lernen

Selten wird der Hobby-Pedaleur bereits während und nach einer bescheidenen Steigung mit einer so umwerfenden Ausschau belohnt wie auf einer Radwanderung von den Donau-Stauseen hinauf ins südliche Hochsträß. Doch unsere bis auf wenige kurze sportliche Intermezzi geruhsame Spazierfahrt zwischen prunkvollen Bauwerken an der Barockstraße und einfachem, sanft gewelltem Bauernland begeistert nicht nur mit vortrefflichen Fernblicken. Als berauschendes Erlebnis prägt sich auch auf dem Rückweg die fünf Kilometer lange, zusammenhängende Abfahrt vom Pfifferlingsberg nach Bach ein. Man meint fast, es möchten einem Flügel wachsen.

Natürliches Donau-Ufer südlich von Erbach

Wo der »Malefizschenk« richtete

Erbach war einst Station an der bedeutenden Handelsstraße von Ulm über das Hochsträß nach Schelklingen. Am Kreisverkehr nahe des Bahnhofs folgen wir links dem Radweg Richtung Sigmaringen, bis uns unter dem gelben Schloss die Beschilderung zur Polizei in die Laupheimer Straße weist. Das von außen nüchtern, aber dennoch imposant wirkende Renaissance-Bauwerk der Freiherren von Ulm-Erbach wurde 1535 bis 1549 vom Kaiserlichen Rat Hans Baumgartner erbaut. Mit vier Ecktürmen und zwei parallelen Zinnengiebeln geschmückt be-

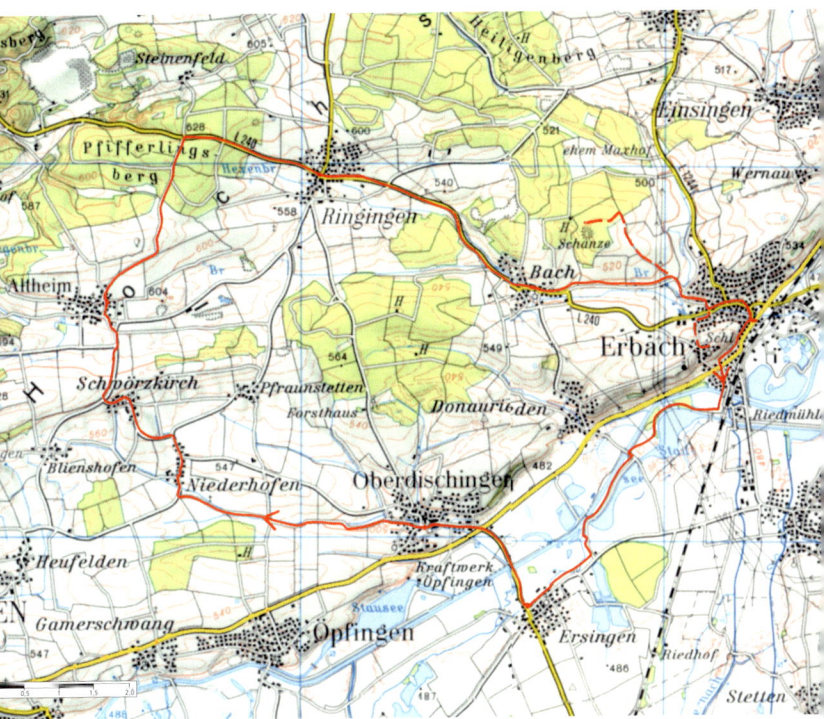

herbergt es neben einem prachtvollen Barocksaal auch ein Schlossmuseum und eine Schlossgaststätte. Der aus Buckelquadern errichtete Torturm geht noch auf das 13. Jahrhundert zurück.

Die barocke katholische Pfarrkirche Sankt Martin mit markanter Turmhaube gleich nebenan zeichnet sich durch sehenswerte Rokoko-Dekorationen und schöne Wandmalereien aus. Vielleicht bleibt uns zum Schluss der Fahrt noch Zeit für eine Besichtigung der beiden Landmarken.

Die Räder rollen über die Donaubrücke und dann auf den Donau-Radwanderweg Richtung Ersingen. Ein Wirtschaftsweg leitet am bauchigen Stausee entlang. Nach einem kleinen Haken bei der altehrwürdigen Donaurieder Holzbrücke begleitet der Entspannungskurs fortwährend das von neugierigen Schwänen bevölkerte Seeufer. Kurz hinter dem Stauwehr nimmt uns ein separater Radweg auf, der uns zum Erbacher Ortsteil **Ersingen** mit spätgotischer evangelischer Pfarrkirche bringt.

Ein Stausee begleitet den Lauf der Donau.

lefizschenk« ließ seinerzeit die ursprüngliche Residenz zu einem fürstlichen Ortsbild mit einheitlichen Häuserzeilen erweitern. Manche Einwohner nennen ihr schmuckes Dorf heute noch Klein-Paris. Wahrscheinlich hatte der Reichsgraf mit dem auffallend knappen Beinamen das Ausmaß der Häuserzeilen nach der stolzen Länge seines Adelstitels angelegt: Franz Ludwig Schenk, des Heiligen Römischen Reiches Graf von Castell, Herr der Graf- und Herrschaften Schelklingen, Berg und Gutenstein, Oberdischingen, Bach, Wernau, Einsingen und Hausen und Stetten am Kalten Markt, seiner Römisch Kaiserlich Königlich Apostolischen Majestät Kämmerer, seiner Kurfürstlichen Gnaden zu Mainz Wirklicher Geheimer Rat, des Hochfürstlichen Hochstifts Eichstätt Erbmarschall. Bei dem heutigen Format der Personalausweise kämen die Ämter in solch einem Fall wohl ein wenig in Verlegenheit.

Weiter auf einer Radrollbahn geht es bei einem Altwasserarm nahe der Rißkanalmündung abermals über die Donau. Das Flussbett ist hier vor der Stausee-Einleitung, ganz anders als in Erbach, prall gefüllt.

Wir kommen zum alten Wallfahrtsort **Oberdischingen**, eine Station des Jakobsweges, der von Franken nach Konstanz führt. Der »Ma-

Den Beinamen »Malefizschenk« brachte ihm ein besonderes Ehrenamt ein. Er war es schließlich, der 1787 im damaligen Ritterkanton Donau in Ehingen, beauftragt von Kaiser Joseph II., ein längst fälliges Zuchthaus einrichtete und sich in ganz besonderer Fürsorge den zu jener Zeit überhand nehmenden Gaunern annahm. Bis nach Zürich hatte er in der Glanzzeit seiner aufopfernden Zusatztätigkeit als Gerichtsherr, die ihm natürlich eine fette finanzielle Unterstützung einbrachte, den Kompetenzbereich ausgeweitet. Allein 40 Todesurteile gingen auf sein Konto.

Der blitzsaubere dreiflügelige Bau des Rathauses stammt von 1767. Das gräfliche Schloss wurde 1807 durch Brandstiftung zerstört. Beim Schlosspark macht auch die klassizistisch umgestaltete Pfarrkirche »Zum heiligen Namen Jesu« auf sich aufmerksam. Ihre Architektur hatte kein geringeres Vorbild als das Pantheon in Rom. Der von einer Kassettenkuppel überspannte Zentralraum wird durch eine ionische Tempelfront betreten.

Unerwarteter Weitblick

Bei der Raiffeisenbank lenken wir in die Bachgasse. Auf dem nun anfangs geteerten Wirtschaftsweg über Äcker und Wiesen durch den schwach ausgeprägten Talzug des Dischinger Bachs bekommen wir die Steigung hinauf ins Hochsträß erst mal kaum zu spüren. Still ist es wieder geworden. Schlichte Ländlichkeit so weit das Auge reicht. Man quert die Straße Öpfingen – Pfraunstetten und trifft nach einem alten Ziehbrunnen im Allmendinger Weiler **Niederhofen** ein.

Überrascht stellen wir fest, dass wir bereits deutlich an Höhe gewonnen haben. Auf einer ruhigen Kreisstraße strampeln wir **Schwörzkirch** entgegen. Der ebenfalls zu Allmendingen gehörende, aussichtsreiche

Wolkenspiele

Die Kirche von Bach

Ort verlangt kurzzeitig einen beherzten Pedaltritt ab, bevor wir vollends hinauf ins weitläufige Hochsträß kommen.

Die geteerte landwirtschaftliche
Fahrbahn nach **Altheim** lockert die
sportliche Etappe mit einer kurzen
Sausefahrt auf. Das Dorf wurde im
Dreißigjährigen Krieg fast vollständig verwüstet. Aber auch im Spani-
schen Erbfolgekrieg und während
der Napoleonischen Kriege hatten
die mittlerweile neu angesiedelten
Altheimer einen schlechten Stand.
Die spätgotische katholische Pfarrkirche Sankt Martin zeigt Stuckaturen und Malereien aus dem Rokoko.
Außerdem hat Altheim auch ein
Schloss vorzuweisen.

Erst achten wir auf das Schild
»Bürgerhaus«, dann mühen wir uns

die Hauptstraße bergauf. Ein verkehrsfreies Sträßchen beschert nochmals einen bemerkenswerten Blick-
radius. Ins schier Unermessliche
schweift das Auge. Man kommt
nicht umhin, wiederholt anzuhalten
und zu schwärmen.

An der Verzweigung, wo die
Route zu fallen beginnt, steuert man
seinen Drahtesel links und durch-
quert auf einem Natursträßchen
das Waldgebiet auf dem Pfifferlingsberg.

Wie im Gleitflug

Rechts in die mäßig befahrene, von
Schelklingen kommende Landstraße einschwenkend bekommt man
schon bald ein ordentliches Tempo
drauf. An diesen Spaß könnte man

sich gewöhnen. Doch schon lässt uns das Dorf **Ringingen** in die Bremsen greifen.

Die Renger, wie die Bürger des heute zu Erbach gehörenden Dorfes heißen, genossen früher eine Sonderstellung. Der Kaiser gestand ihnen eine eigene Rechtssprechung zu, sie mussten keine Zölle abführen, waren vom Kriegsdienst enthoben und durften darüber hinaus auch noch frei jagen. Verständlich, dass sich die stolzen Renger auch nicht durch die württembergische Reformation unterkriegen ließen.

Richtung Ulm setzt sich die flotte Fahrt fort durchs lange Erlbachtal. Wie im Gleitflug! **Bach** heißt die nächste Station. Am Ortsende des Erbacher Gemeindeteils dirigiert uns die Radbeschilderung auf ein Wirtschaftssträßchen, das uns zurück nach **Erbach** führt.

In der Kurve kurz vor dem Ortseingang bietet sich eine kleine Tourenerweiterung auf markierten Wirtschaftswegen zu der sich auf einer Waldeshöhe befindlichen keltischen Viereckschanze an. Die noch deutlich erkennbare Anlage im Waldgebiet Höllhau mit Gräben und bis zu zwei Meter hohen Wällen ist von trapezförmiger Gestalt. Östlich davon versammeln sich ein paar Grabhügel, für die allerdings keine Datierung vorliegt.

Sonnenuntergang über dem südlichen Hochsträß

Tourensteckbrief

Erbach – Ersingen (6 km) – Oberdischingen (2 km) – Niederhofen (4 km) – Schwörzkirch (2 km) – Altheim (1 km) – Ringingen (5 km) – Bach (4 km) – Erbach (4 km).

Ausgangsort: Erbach (Donau), Bahnhof (480 m, Parkplatz), Zug von Ulm.
Routenlänge: 28 Kilometer.
Fahrzeit: 2 1/4 Stunden.
Höhenunterschied: 180 Meter.
Straßen und Wege: Wirtschafts- und Radwege, verkehrsarme Sträßchen, lange Talfahrt auf mäßig frequentierter Landstraße. Kurze deutliche Steigungen.
Für Kinder geeignet: Ja.
Auch als Wanderung zu empfehlen: Nein.
Karte: Wanderkarte des Landesvermessungsamtes Baden-Württemberg, Blatt 19 »Ulm – Blaubeuren«, Maßstab 1 : 50 000.

Märchen und Sagen entlang der Donau

Märchen und Sagen aus zehn Ländern – vom Schwarzwald über Ulm bis zum Schwarzen Meer – voller Zauber und Phantasie.

Märchen und Sagen entlang der Donau
Herausgegeben von Siegfried Ruoß
224 Seiten, illustriert von Renate Gries-Fahrbach.
ISBN 3-87407-514-1

Die Geschichte vom Ulmer Spatz

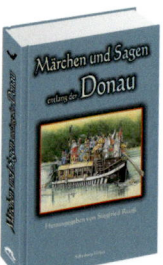

Die Geschichte vom Ulmer Spatz – ganz neu und phantasievoll erzählt.

**Manfred Eichhorn:
Der Spatz auf dem Dach**
56 Seiten,
illustriert von Walter Mödl.
ISBN 3-87407-516-8

Von der Blau in den Klingensteiner Wald

Auf Blausteiner Albvereinswegen

Südlich der beiden Blausteiner Ortsteile Arnegg und Klingenstein schiebt sich das überwiegend bewaldete nördliche Hochsträß an das anmutige Blautal heran. In der gegenüberliegenden Teilgemeinde Herrlingen mündet das enge Lautertal ein. Diese vielleicht malerischste Ecke in der näheren Umgebung der Donaustadt Ulm hat der Schwäbische Albverein mit ein paar reizvollen Wanderrouten bedacht.

Unsere Wahl fällt auf den Klingensteiner Wald, dessen Durchquerung sich bestens mit einem kleinen Gang entlang der liebenswerten Blau kombinieren lässt. Die Besteigung eines anregenden Aussichtsfelsens, eine aufzuspürende Keltenschanze, ein beeindruckendes

Die Blau bei Klingenstein

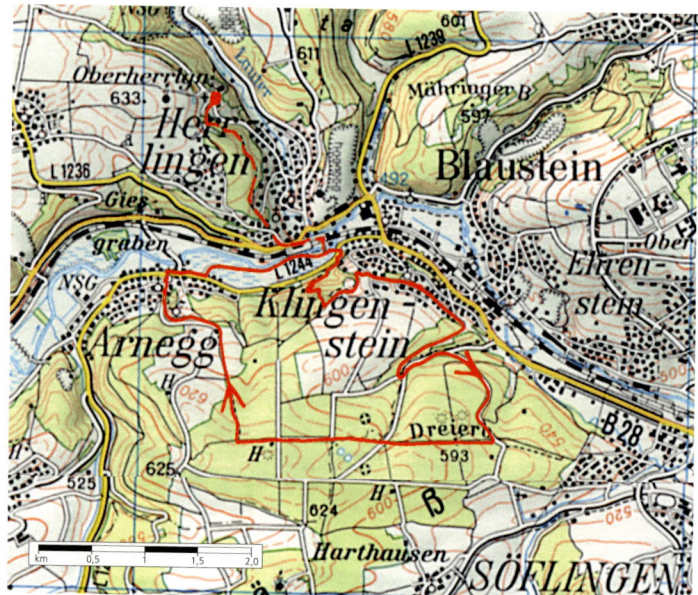

Mammutbaumpaar und natürlich jede Menge Waldeinsamkeit sind die weiteren Joker dieses kurzweiligen und leichten Familienausflugs.

Feuchtwiesenbummelei

Sehenswerte Gebäude in **Arnegg** sind die alte Zehntscheuer und das ehemalige Amtshaus Arnegg. Los geht's an der Kirche auf dem talwärts führenden Gehsteig. Im unteren Ortsteil halten wir uns Richtung Klingenstein, bis wir auf den Radwanderweg nach Ulm abzweigen können.

Auf dem Wirtschaftsweg über die Blautalwiesen, dabei ein Stück am Flüsschen entlangbummelnd, lassen wir die Runde auf den Spuren der Ur-Donau ganz gemütlich angehen. Um erst gar keine Hektik aufkommen zu lassen, braucht man sich im Übrigen nur an der Blau ein Beispiel zu nehmen. Dieser pressiert es scheinbar auch überhaupt nicht. Ganz in der Nähe beansprucht das Vogelschutzgebiet »Arnegger Ried« einen kleinen Anteil der Feuchtflächen.

Den Felsvorsprung über der Herrlinger Blaubrücke nimmt auf dem Fundament einer mittelalterlichen Burg das 1756 errichtete barocke Schloss Klingenstein ein. Die Geister der ehemaligen »Ritter zu Klingenstain« sollen dort oben in der früheren Festung als »wildes Heer« gelegentlich um Mitternacht lautstark gekämpft haben. Die Sage be-

Antwort

Silberburg-Verlag GmbH

Schönbuchstraße 48
D-72074 Tübingen

Absender (bitte gut lesbar schreiben):

Name

Straße

PLZ   Ort

Beruf   Alter

Für Silberburg-Bücher interessiert sich auch:

Wir sind neugierig ...

... was Sie von dem Buch halten, dem Sie diese Karte entnommen haben.

Titel des Buchs

Wie wurden Sie auf das Buch aufmerksam?

Bitte schreiben Sie uns ganz offen Ihre Meinung. Sie ist wichtig für unsere weitere Verlagsarbeit.

Der Silberburg-Verlag hat sich auf Baden-Württemberg spezialisiert. Haben Sie Ideen oder Vorschläge zu Buchthemen?

... Sie auch?

Tragen Sie einfach umseitig Ihre Anschrift ein. Gerne senden wir Ihnen dann Informationen zu unseren Neuerscheinungen.

Im Silberburg-Verlag erscheint »**Schönes Schwaben**« – die farbige Monatszeitschrift zu Kultur, Geschichte, Landeskunde. Informativ und unterhaltsam, aktuell und zeitlos. Mit traumhaft schönen Fotos und interessanten Artikeln von kompetenten Autoren. Das Magazin, in dem auch schwäbische Mundart gepflegt wird. Sollen wir Ihnen einmalig ein kostenloses Probeheft senden?

☐ Ja ☐ Nein

Im Blautal nahe Arnegg

richtet des Weiteren von einem un-
terirdischen Gang, durch den sich
einst eine im südwestlich von Arnegg gelegenen Banzenloch einge-
sperrte Gans auf Wanderschaft zu einem Schlossbesuch gemacht habe.

Hier lädt jenseits der Blau das
schon im 12. Jahrhundert erwähnte
Herrlingen zu einem kleinen Seiten-
blick. In dem Blausteiner Gemeindeteil könnte man – neben einer Einkehr – auch das Erwin-Rommel-Ar-
chiv in der Jugendstilvilla Lindenhof
besuchen. Oberhalb eines engli-
schen Gartens informiert in dem
Herrlinger Kulturhaus und der einstigen Sommervilla des Ulmer Fabri-
kanten Wieland eine Ausstellung

über den als »Wüstenfuchs« be-
rühmt gewordenen Generalfeld-
marschall.

Auch die klassizistische katholische Kirche Sankt Andreas mit ihrem Kuppeldachturm lohnt einen
Blick ins Innere, in dem sämtlicher
Dekor als Malerei erscheint. Im Vor-
raum befindet sich die Grabplatte
des Rudolf von Halberingen.

Auf einem schönen Waldwanderweg ließe sich von Herrlingen
noch der zusätzliche Abstecher anhängen zu dem Renaissance-Schloss
Oberherrlingen. Das Gebäude mit
seinen hohen Satteldächern wurde
im Jahr 1588 von Dietrich von Bern-
hausen als Herrenhaus der Herr-

schaft Herrlingen-Klingenstein erbaut. Schon im frühen 12. Jahrhundert hatte Ulrich von Hurningen an
dieser Stelle eine Burg errichten lassen. Das Bauwerk befindet sich in
Privatbesitz, aber der Innenhof und
die ehemalige Wallfahrtskapelle
Maria-Hilf nebenan können besichtigt werden. Diese besitzt ein kost-
bares Vesperbild aus dem Kloster
Söflingen. Der gesamte Tourenzu-
satz nimmt etwa eineinhalb Stunden
in Anspruch.

Münsterblick

Wir halten uns an der Blaubrücke
weiter Richtung Ulm und folgen,
nachdem wir die Landstraße am
Ortsbeginn von **Klingenstein** überquert haben, rechts kurz dem Gehsteig. Anschließend steigt man auf
einem Waldpfad, zuletzt auf einer
Steintreppe, hinauf zum Aussichtspunkt auf einem kitzligen, auskragenden Felsstotzen. Hübsche Ausblicke übers Blautal und hinein ins
Lautertal verlangen nach einer kleinen Rast.

Noch ein kleines Stück geht's
bergauf, dann führt ein Wanderweg
am Waldrand leicht talwärts auf die
Universitätsstadt zu. Die Markierung lenkt uns an einem Spielplatz
vorbei und auf Gehsteigen am oberen Ortsrand von Klingenstein
entlang. Nach dem Dorfende taucht
ein weiterer Spielplatz auf, diesmal
sogar mit Münsterblick. Ob schon
wieder eine Pause drin ist? Es fällt

Ausblick auf Herrlingen an der Öffnung des Lautertals

schwer, die sonnigen Erholungsbänke unbenutzt stehen zu lassen.

Wir finden nun einen flachen Waldweg vor und wandern, wo mehrere Wege auseinander laufen, auf einem Forstweg bergab. An einer Verzweigung achten wir auf die Bezeichnung, nun setzt ein Gegenanstieg an. Auf einer Anhöhe kommen wir zu einer Kreuzung. Hier ist ein besonderes Augenmerk auf die möglicherweise etwas eingewachsene Beschilderung »Arnegg« zu richten.

Eine Keltenschanze und Mammutbaum-Zwillinge

Weiterhin lässt sich die wohltuende Waldesruhe in vollen Zügen genießen. An der nächsten Wegspinne weist uns das Markierungszeichen auf einen Waldweg. Doch zuvor wollen wir noch etwa 200 Meter weiter dem

Vom Klingensteiner Ortsrand gerade noch zu erkennen: das Ulmer Münster

Hauptweg folgen. Man stößt dabei auf deutliche Wälle und Gräben einer **Keltenschanze**.

Der an der Wegspinne beginnende, schwach ausgeprägte Wanderkurs über den Dreierberg mündet später in einen Forstweg, der kurz von einem Pfad unterbrochen ist. An der Jagdhütte im Klingensteiner Wald legen wir nochmals einen Abstecher ein. Nur wenige Me-

ter sind es links zu zwei Mammutbäumen, in dieser Gegend kein alltäglicher Anblick. Die stramm gewachsenen Nadel-Zwillinge bedeuten die letzte Tourenunterbrechung für heute.

Man hält sich weiterhin an den Kurs Arnegg und sollte bald nach der Hütte auf die entsprechende Abzweigung achten. Die Route wechselt nach kurzem in einen sanft fallenden Wanderweg. Wenn es herbstelt, bereitet dieser Wegabschnitt eine besondere Freude. Buchenblätter tanzen dann aus allen Richtungen nieder. Manche schaukeln zart lispelnd im Alleingang, andere wirbeln solidarisch in schwatzenden Gruppen. Goldene Wolken zerschlissener Buchenkleider. Kurzzeitig kehrt zwischendurch wieder Ruhe ein. Wenn man sich bei Windstille für einen Moment ganz leise verhält, zaubert das Streifen eines einzelnen toten Blattes, bevor es auf dem Waldboden aufsetzt, an Ästen und Gebüsch eine unerwartete Geräuschkulisse. Munter spuren wir weiter durch das in rauen Mengen angehäufte Laubwerk. Für Kinder ist das ausgelassene Herumtollen natürlich ein Riesenspaß. Vom Waldende geht's auf einem Feldweg über die so genannten Forstäcker. Dann bringt uns ein Waldsträßchen unterhalb der Ruine Arnegg vorbei, die noch ein paar Mauerreste aufzuweisen hat. Die Burg wurde bereits Ende des 14. Jahrhunderts zum ersten Mal zerstört, 1520 neu errichtet und 1790 abgetragen. Gleich darauf trifft man wieder in **Arnegg** ein.

Tourensteckbrief

Arnegg (505 m) – Klingenstein (495 m) – Keltenschanze (600 m) – Arnegg (505 m).

Ausgangsort: Blaustein-Arnegg, Bushaltestelle bei der Kirche (Parkplatz), Busverbindung mit Ulm.
Routenlänge: 11 Kilometer.
Gehzeit: 3 1/4 Stunden.
Höhenunterschied: 170 Meter.
Wege: Meistens bezeichnete Wirtschafts- und Wanderwege, Forst- und Waldwege, Pfade, zuletzt verkehrsfreies Sträßchen. Einfache Steigungen.
Für Kinder geeignet: Ja.
Auch als Radtour zu empfehlen: Nein.
Einkehrmöglichkeiten: Mit jeweils kleinem Abstecher in Klingenstein und Herrlingen.
Karte: Wanderkarte des Landesvermessungsamtes Baden-Württemberg, Blatt 19 »Ulm – Blaubeuren«, Maßstab 1 : 50 000.

Ulmer Stadtteile über dem Donautal

Am Horizont Karwendel und Rätikon

Das donauseitige Hochsträß zeigt einen sehr harmonischen Landschafts-Charakter. Ackerflächen und Wiesenland haben die Wälder zurückgedrängt. Die Böden sind fruchtbarer als auf der Alb, die Äpfel schmackhafter. Bizarre Felsbildungen wie über dem Blautal oder dem Achtal treten hier nicht in Erscheinung. Das liegt daran, dass der Jura vollkommen unter der tertiären Unteren Süßwassermolasse begraben liegt. Darüber lagerte sich die Obere Meeresmolasse ab. Das oberste Stockwerk schließlich bilden die Süßbrackwassermolasse und zuletzt die Obere Süßwassermolasse.

Die Meeresmolasse entwickelte sich aus einer mächtigen Sand- und Lehmschicht, die nach dem Rückzug des miozänen Meeres entstanden war. In dieser Schicht deuten heute noch beispielsweise zahlreiche versteinerte Schnecken auf die Tatsache hin, dass das gesamte Hochsträß einstmals Meeresboden war. Besonders aufschlussreich sind in der Gegend um Ermingen die Schillkalke (Kalksteine, die nahezu ausschließlich aus Schalentrümmern oder anderen karbonatischen Organismenresten bestehen) der so genannten Turritellenplatte. Hier finden sich in einem großen Areal die bekannten Turmschnecken, Bruchstücke von Austern, Herzmuscheln oder auch Haifischzähne.

An Freunde bequemer Wege, geeignet für jedes Wetter und alle Jahreszeiten, richtet sich dieser leichte Rundkurs von Stadtteil zu Stadtteil. Auffallend dabei ist, dass man Ulm selbst überhaupt nie zu Gesicht bekommt. Und noch etwas anderes fällt ins Auge: eine Fernsicht, die an klaren Tagen über die Donauniederung und das südliche Oberschwaben bis in die Schweizer Bergwelt reicht.

Höhenweg der Extraklasse

Der Stadtteil **Grimmelfingen** geht wahrscheinlich auf eine alte Hirtenansiedlung zurück. Die spätgotische Dorfkirche zeigt erst in neuerer Zeit entdeckte frühgotische Fresken. Die

Einsingen im Donautal

Hinter den Römer-
höfen, die etwa so viel
mit den Römern zu tun
haben wie Grimmel-
fingen mit grimmigen
Einwohnern, steht nicht
allzu weit entfernt das
Mitte des 19. Jahrhun-
derts erbaute Fort Obe-
rer Kuhberg als Teil der
ehemaligen Ulmer Bun-
desfestung. Eine Gedenk-
stätte erinnert an das
frühere Konzentrations-
lager mit den noch erhal-
tenen Räumlichkeiten
sowie dem einstmaligen
Freigelände und an die
Hunderte zwischen 1933
und 1935 dort einge-
sperrten Regimegegner
und Freidenker. Auch
Kurt Schumacher, der
Wiederbegründer der
SPD, gehörte zu ihnen.
Gleich nebenan stehen
die Gebäude der frühe-
ren Ulmer Hochschule
für Gestaltung.

Vom Aussichtspunkt
auf dem Höhenzug am
Saum des Klosterwaldes
schweift das Auge zufrieden über
das graue Industriegebiet Donautal.
Früher dehnten sich dort unten
Riedflächen aus. Anfangs folgen wir
nun links knapp innerhalb des Waldes dem schöneren Wanderweg, im
weiteren Verlauf dem Schwäbische-
Alb-Südrand-Weg Richtung Allewind. Der beschauliche »Hauptwan-

Gehsteige der Kirchstraße und Bergstraße bringen uns, von der Ortsmitte bergan über die Sonnenseite
des Hochsträß, einen raschen Hö-
hengewinn. Am Dorfrand dirigiert
uns der Wanderwegweiser »Oberer
Kuhberg« auf ein mit blauem Dreiblock markiertes Wirtschaftssträßchen.

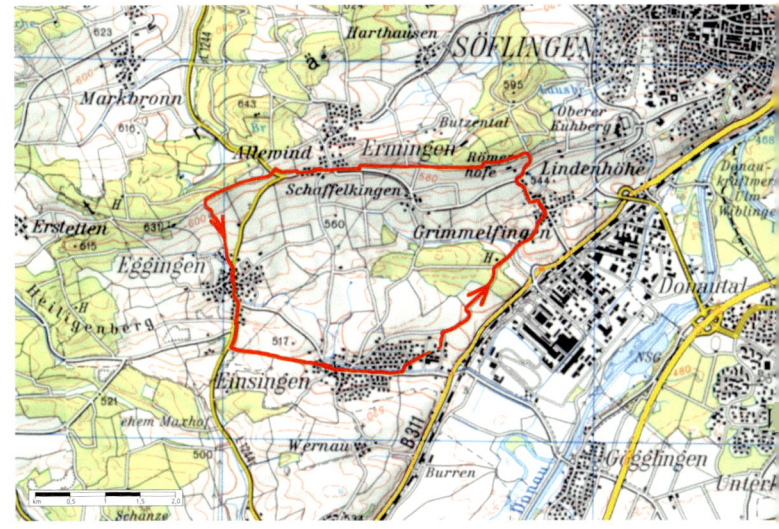

derweg 2« folgt später als geteerter Wirtschaftsweg den Spuren des Hochgesträß, einem von Ulm kommenden, vorrömischen Handelsweg. Diese alte Straße hat dem Hochsträß einst seinen Namen ge-

Hochstraßfeld bei Einsingen

fort über die Donauniederung ins Oberschwäbische und bei Föhn zum Bussen, ja sogar zum schier endlos langen Alpenpanorama. Leidenschaftliche Bergwanderer entdecken am milchigen Horizont sehnsüchtig das Karwendel, das Wetterstein und die Miemingergruppe, die Stubaier und Lechtaler Alpen, neben den Allgäuer Bergen das Lechquellengebirge, den Rätikon und die Glarner Alpen in der Schweiz. Was für ein Panorama!

Goldener Raps und mächtige Eichen

Durch den Ulmer Stadtteil Allewind halten wir uns Richtung Beiningen. Vom Ortsende aus schlendern wir auf einem Fußgängerweg neben der Landstraße, bis das rote Dreieck auf ein verkehrsfreies Sträßchen weist. Dieses führt auf der Mönchshalde am Sportgelände vorbei zu einem kleinen Fußballplatz. Dort geht's auf dem Haldenweg schnurstracks hinunter zur Sportgaststätte im Stadtteil **Eggingen**, die uns zu einer Stärkung einlädt.

Am sonnigen Waldrand auf dem Rückweg nach Grimmelfingen

geben. Zuletzt spazieren wir auf einem Gehsteig hinein nach **Allewind**.

Gleich am Ortsanfang überwältigt bei einer mächtigen Linde der Blick in die weite Landschaft. Hinter Einsingen grüßt das Erbacher Schloss. Dann setzt sich die optische Reise

Man nimmt den Gehsteig der nach Erbach führenden Landstraße, die man nach den letzten Häusern quert. Ein kleines Stück folgt man einem Fußgängerweg, dann wandert man auf einem geteerten Wirtschaftsweg übers Ackerland dem bereits sichtbaren **Einsingen** zu, das ebenfalls noch zur Stadt Ulm gehört.

In dem Dorf mit dem eigenwilligen, fünfzinnigen Kirchturm lassen wir uns, zurück im Donautal, weiterhin in östlicher Richtung von Gehwegen leiten. Am Dorfende lenkt der blaue Dreiblock beim Möbelhaus in den Lämmerweg.

Nach dem Industriegelände schlagen wir einen Haken Richtung Grimmelfingen, beachten das Wandertäfelchen und spazieren auf einer landwirtschaftlichen Teerbahn übers flache Agrarland.

Am Rand des Waldgebietes Hörnle laden Rastbänke unter mächtigen Eichen zu einer verträumten Tourenunterbrechung ein. Besonders stimmungsvoll ist es hier im Spätherbst, wenn der nachmittägliche Sonnenball flach das Licht fluten lässt. Der Waldfleck selber erfreut die Wanderer mit einem geräumigen Grillplatz und einem Pavillon. Von hier ist es anschließend nicht mehr weit nach **Grimmelfingen**.

Tourensteckbrief

Grimmelfingen (510 m) – Allewind (610 m) – Eggingen (553 m) – Einsingen (496 m) – Grimmelfingen (510 m).

Ausgangsort: Ulm-Grimmelfingen, Bushaltestelle in der Ortsmitte (Parkplatz), Busverbindung mit Ulm.
Routenlänge: 13 Kilometer.
Gehzeit: 3 1/2 Stunden.
Höhenunterschied: 150 Meter.
Wege: Meist geteerte Wirtschaftswege und verkehrsfreie Sträßchen, Fußgängerwege und ein kurzes Stück Wanderweg. Einfacher Aufstieg. Ein wenig Orientierungssinn erforderlich.
Für Kinder geeignet: Nein.
Auch als Radtour zu empfehlen: Ja, aber vom Aussichtspunkt oberhalb Grimmelfingen gleich dem breitem »Hauptwanderweg 2« folgen.
Einkehrmöglichkeiten: In Eggingen und Einsingen, mit kleinem Abstecher in Ermingen.
Karte: Wanderkarte des Landesvermessungsamtes Baden-Württemberg, Blatt 19 »Ulm – Blaubeuren«, Maßstab 1 : 50 000.

Radwege auf die Ulmer Alb

Verkehrsfrei den Westen und Norden der Münsterstadt entdecken

Eine Pedalrunde, die ausnahmslos auf Radwegen und Wirtschaftssträßchen verläuft – dies im Bereich einer Großstadt, das hat Seltenheitswert und lässt jedes Biker-Herz höher schlagen. Unsere im ersten Abschnitt kulturell aufschlussreiche Erkundungsfahrt von der Münsterstadt durchs Blautal und ein Stück über die Ulmer Alb gehört zu dieser raren Gattung und ist – man hält es kaum für möglich – obendrein noch fast komplett eigens für Leisetreter ausgeschildert. Lediglich innerhalb von Ortschaften bewegt man sich auf öffentlichen Straßen.

Ansicht der alten Blausteiner Kirche

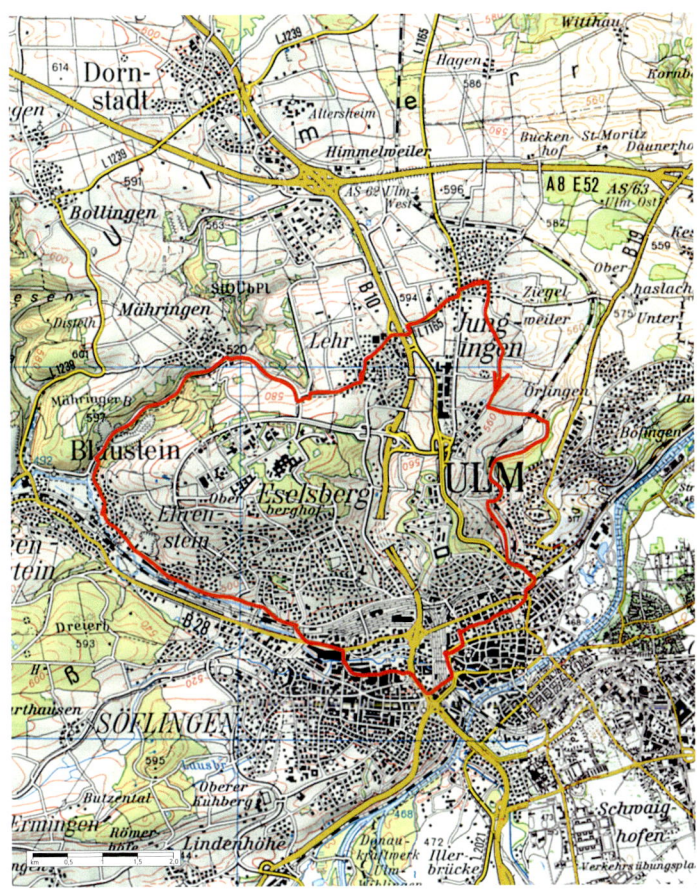

Da die Rollbahnen im Winter ge-
räumt werden, ist diese Tour sogar
ganzjährig durchführbar. Die ele-
gante Riesenabfahrt von Jungingen
nach Ulm muss man sich allerdings
mit gelegentlichem Wadenstress
zwischen Mähringen und Lehr erst
mal verdienen. Aber auch beim Rad-
wandern gilt nun mal: »Von nichts
kommt nichts.«

Ein »Moordorf« im Blautal

Am Hauptbahnhof in **Ulm** gibt uns
die Beschilderung »Alternative Blautal« des Donau-Radwanderwegs
die Startrichtung an. Auf Radwegen
umrunden wir südlich den riesigen
Bahnkomplex. Durch die niedrige
B 28-Unterführung sollten Hünen unter den Radsportlern sicherheitshal-

Steinbruch am Eingang ins Schammental

gleich zum Radweg neben der verkehrsüberlasteten Hauptstraße ist diese Lösung in höchsten Tönen zu loben.

Beim Blautal-Center erfolgt wieder ein Uferwechsel. Wenig später zwingt uns erst nochmals die Bundesstraße, dann die hier abzweigende Zufahrt zum Eselsberg durch weitere Unterführungen. Nach einer neuerlichen Blauquerung leitet ein Radweg parallel zu der nach Blaustein führenden B 28 zur neuen Straßenbrücke der Stadtumgehung.

Dort benützt man den Bahnübergang und steuert dahinter unter der Brücke hindurch. Zwischen der Bahn und den Schrebergärten an der Blau bringt uns die Fahrt trotz ihres angenehm erholsamen Charakters rasch westwärts. Rechter Hand dehnt sich der nun kaum mehr besiedelte Eselsberg aus, zur Linken rücken allmählich die Waldeshöhen des Hochsträß heran.

Zwischen zwei Bachläufen macht am Ortsanfang von Ehrenstein, einem Teilort der Gemeinde Blaustein, eine Erklärungstafel auf ein ehemaliges Steinzeitdorf aufmerksam. Vor etwa

ber den Kopf einziehen. Wir rollen über die beiden Arme der Blau und haben durch ansprechende Parkanlagen stets den von alten Baumbeständen gesäumten Fluss als Begleiter. Ein unerwartet geruhsames und darüberhinaus erfrischendes Pedalvergnügen so kurz nach dem lärmenden Großstadtbetrieb. Im Ver-

6000 Jahren siedelten hier über 100 Jahre lang Menschen der Jungstein- zeit. 1952 entdeckte man in den moorigen Schichten eines Bagger- grabens erste Spuren des Moor- dorfes, das etwa 30 bis 40 ebenerdi- ge, überwiegend aus Erlenholz ge- baute Häuser umfasst hatte. Weitere Grabungen brachten Bruchstücke eines Tongefäßes und Teile von Hirschgeweihen ans Tageslicht. Im Rathaus von **Blaustein** gibt es dazu eine Dauerausstellung.

Am Dorfrand dirigiert uns das Radsymbol weiter am Fluss entlang. Die süd- lichen Talhänge nimmt der Ortsteil Klingenstein ein. Bevor Mitte des 18. Jahr- hunderts an der Blau- brücke in der Dorfmitte die neue Kirche gebaut wur- de, diente die Kapelle der Burg Ehrenstein auf dem Löwenfelsen als Gottes- haus. Über 500 Jahre lang. Doch auch an der neuen Kirche nagte der Zahn der Zeit. 1866 musste der ba- rocke Turm abgebrochen werden, da der weiche Grund am Flussufer nach- gegeben hatte. Das Kir- chenschiff bekam nun ein Dachreitertürmchen. Nach mehrfachem Umbau war das Schicksal 1985 dann endgültig besiegelt, der Abbruch beschlossene Sa- che. Die heutige Dorfkir- che Sankt Martin gibt keinerlei An- lass mehr zu romantischer Gefühls- duselei. Sie erscheint in sehr schlich- tem Gewand.

Sportsgeist gefordert

Wir lenken am ehemaligen Kirchen- platz über die Blau und halten uns

Das Schammental zwischen Blaustein und Mähringen

Winterzauber auf der Ulmer Alb bei Jungingen

selben Jahr bis auf die Kapelle abtragen ließ. Der Burgname hatte im Übrigen nichts mit der Ehre zu tun, sondern bezog sich auf die Herren von Erichstein.

Beim Ortsende beginnt neben der Kreisstraße ein ebenfalls nach Mähringen ausgeschilderter Radweg. Am Eingang des Schammentals wird zu beiden Seiten in Steinbrüchen der Massenkalk des Weißen Juras abgebaut. Durch das hübsche Waldtal kommen wir auf einem riesigen Bogen um den Eselsberg vorläufig noch ganz locker voran. Zwischendurch lohnt sich ein Blick zurück durch die anmutig geschwungene Talführung.

Vorbei an **Mähringen,** dem an einem Berghang angesiedelten Ulmer Stadtteil, klettert der Radweg weiter empor zur modern umgestalteten Ortschaft **Lehr** auf der freien Höhe der Ulmer Alb. Die »hochprozentige« Strampelei verlangt abschnittsweise einen beherzten Antritt. Kein Wunder, schließlich haben wir dabei fast den »Gipfel« des Eselsbergs bezwungen. Auf der Bergkuppe versammeln sich heute Universität, Science Park, private Forschungsinstitutionen sowie Rehabilitations-

Richtung Mähringen. Von der Burg Ehrenstein, die dem Dorf seinen Namen gegeben hat, ist leider nichts mehr übrig. Um 1100 errichtet, wechselte sie mehrfach den Besitzer; Graf Eberhard der Erlauchte von Württemberg musste die Burg nach Streitigkeiten 1281 für 240 Mark Silber an das Kloster Söflingen verkaufen, das die Anlage noch im

und Bundeswehrkrankenhaus: die Wissenschaftsstadt Ulm mit eigenem Kunstpfad.

Unter der B 10 hindurch gelangt man zum Stadtteil **Jungingen**. Dort geht es am dicken Zwiebelturm der evangelischen Pfarrkirche vorbei Richtung Böfingen. An der zweiten abknickenden Vorfahrt bleiben wir der Eichstraße treu. Auf einem Wirtschaftssträßchen sanft bergab übers Ackerland können wir die Bikes jetzt der Schwerkraft überlassen. Bei einem Pumpwerk erleichtert uns das Radzeichen die Orientierung.

Im Weiler Örlingen stoßen wir nach der Unterquerung der nach Geislingen verlaufenden Bahnlinie auf ein Trockental. Ab hier ist der Rückweg mit dem Radwegweiser »Stadtmitte« ausgewiesen. Am Waldrand bergab setzt sich die lange, genüssliche Abfahrtskurverei fort. Dass man sich immer noch auf Ulmer Stadtgebiet befindet, hat man angesichts der einsamen, bäuerlichen Umgebung längst vergessen. Spätestens jetzt beklagt sich wohl keiner mehr über die kurze Schinderei zwischen Mähringen und Lehr.

In **Ulm** leitet uns die Radroute Richtung Weststadt zurück zum Hauptbahnhof. Die viel befahrene Karlstraße eignet sich weniger für das Finale, da nur ein Gehweg existiert.

Tourensteckbrief

Ulm – Blaustein (8 km) – Mähringen (4 km) – Lehr (2 km) – Jungingen (2 km) – Ulm (9 km).

Ausgangsort: Ulm, Hauptbahnhof (478 m, Parkplatz).
Routenlänge: 25 Kilometer.
Fahrzeit: 2 1/4 Stunden.
Höhenunterschied: 120 Meter.
Straßen und Wege: Radwege und Wirtschaftssträßchen. Anhaltende, teilweise etwas Kondition fordernde Steigung, lange Traumabfahrt.
Für Kinder geeignet: Ja.
Auch als Wanderung zu empfehlen: Ja, aber Ausdauer erforderlich.
Karte: Wanderkarte des Landesvermessungsamtes Baden-Württemberg, Blatt 19 »Ulm – Blaubeuren«, Maßstab 1 : 50 000.

Über die Friedrichsau in den Hospitalwald

Promenade am großen Fluss

Was wäre ein Freizeitführer für das Gebiet »in Ulm und um Ulm und um Ulm herum« ohne eine städtische Donauwanderung? Genau, nur etwas Halbes. Man muss deswegen ja noch lange nicht für den Rest des Tages im Biergarten der Friedrichsau hängen bleiben. Obwohl – eine Schande wäre das auch nicht. Aber wir wollen schon ein bisschen mehr sehen als den Flussabschnitt zwischen dem schrägen Metzgerturm und dem bevölkerten Bürgergarten. Erst werden wir selbstverständlich schnurstracks dem Münster die Ehre erweisen. Das gehört sich einfach für eine echte Ulmer Fußtour. Wenigstens schauen, ob es heuer zufällig mal ohne Gerüst dasteht.

Nach einem Besuch des Aquariums mit sehenswertem Minizoo reizt die Fortsetzung der erholsamen Flusspromenade durch den »weiß-blauen« Auwald zur Böfinger Halde. Dort bietet sich der lobenswert angelegte Baumlehrpfad durch den Hospitalwald für den ebenfalls völlig unbeschwerten Rückweg an. Tja, und am Stadtrand kann man dann schließlich doch noch ohne großen Aufwand in die Friedrichsau zurückkehren und den nun fast beendeten, württembergisch-bayerischen Rundgang bei einem schmackhaften Vesper ausklingen lassen.

Das schmucke Ulmer Rathaus

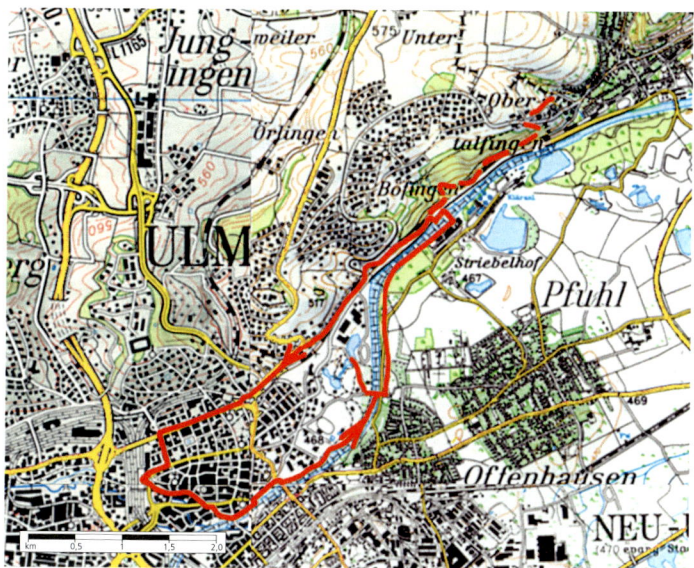

Quer durch die Innenstadt

Der Richtungszeiger »Zentrum« weist uns am Hauptbahnhof von **Ulm** durch eine Straßenunterführung in die Fußgängerzone. Geschäft reiht sich an Geschäft. Man muss sich direkt zusammenreißen, damit aus der Unternehmung kein Einkaufsbummel wird. Staunend passieren wir rechts das Münster. Wanderern bietet der einzigartige himmelstrebende Turm die Möglichkeit, auf den 768 Stufen bis in eine Höhe von 143 Metern ihre Kondition zu testen. Mehr als 18 Meter sind es dann immer noch bis zur Turmspitze.

Die Brautgasse und eine Straßenquerung leiten uns zum reich be-

malten Rathaus. Eine Rarität ist die mächtige astronomische Uhr, die neben ihrer gewöhnlichen Funktion Sonnen- und Mondfinsternis ankündigt, aber auch Kalender und Tierkreiszeichen, Sonnenaufgang und Sonnenuntergang zeigt. Wir orientieren uns am Schild »Donau Radwanderweg« und gelangen durch den Metzgerturm an den – zumindest laut Walzer – blauen Fluss.

Natürlich besitzt Ulm weit mehr Sehenswürdigkeiten als den höchsten Kirchturm der Welt, ein prachtvolles Rathaus und den Metzgerturm. Zum Beispiel das alte Schwörhaus, das Kornhaus und das Neue Zeughaus, die Wengenklosterkirche und die Nikolauskapelle von 1160, das verträumte Fischerviertel und

Im Fischerviertel

die Bundesfestung. Ganz zu schweigen von den Museen. Am besten, man widmet der Stadt gelegentlich einen eigenen Erkundungstag. Sicher hat auch jeder schon mal etwas von den »Ulmer Schachteln« gehört, mit denen die Ulmer die Schifffahrt nach Wien unterhielten. Und wer kennt nicht die Geschichten vom Ulmer Spatz und vom Schneider von Ulm? Doch wo liegen eigentlich die Wurzeln der Stadt?

Bereits im Jahr 854 fand Ulm die erste beglaubigte Erwähnung. Als »Hulma palatium regium«, als königliche Pfalz, steht es in einer Urkunde Ludwigs des Deutschen. Der Name Ulm ist auf das mittelhochdeutsche »ulmic«, also sumpfig, zurückzuführen. Und sumpfig war es tatsächlich im Gebiet um die Blau-

mündung. Eine frühe Besiedlung bestand bereits in der Bronzezeit. Damals gab es auch schon einen Übergang über die Donau. Im Jahr 1134 belagerte der Herzog von Bayern mit seinen welfischen Mannen die befestigte Ansiedlung auf dem Weinhofberg und zerstörte sie weitgehend.

Im zwölften Jahrhundert entwickelte sich das nach dem Wiederaufbau zu Recht als Stadt zu bezeichnende staufische Ulm rasch. Bedingt durch die verkehrsmäßig bedeutsame Lage nahm die Stadt früh einen wirtschaftlichen Aufschwung. Mitte des 13. Jahrhunderts wurde Ulm zur Reichsstadt. Der Ulmer Barchent – ein neuartiges Tuch aus dem in der Umgebung angebauten Flachs, kombiniert mit fernöstlicher Baumwolle – machte sich in ganz Europa einen Namen.

Bären und Schlangen

Der Promenadeweg Richtung »Friedrichsau« führt uns an der Stadtmauer entlang. Ludwig Albrecht Berblinger, der als Schneider von Ulm in die Geschichte einging, startete 1811 von einem eigens auf der Adlerbastion angebrachten Gerüst unter Anwesenheit des Königs aus 20 Meter Höhe zu seinem einstigen Blamage-Flug. Der Bund für Umwelt- und Naturschutz hat am Weg kleine Schautafeln angebracht, die Wissenswertes zu dem Flusslauf berichten. An heißen Sommertagen locken die kühlenden Fluten dieser hier noch jungen europäischen Hauptwasserader zu einem kurzen Erfrischungsbad.

Wenn wir schon gerade beim Baden sind – seit nun über siebzig Jahren findet hier auf der Donau alljährlich das berühmte »Nabada« statt. Dieser Umzug geht auf ein früheres sommerliches Badevergnügen zurück, bei dem sich mutige Städter den rund zwei Kilometer langen Flussabschnitt zur Friedrichsau hinuntertreiben ließen. Das riesige Wasserspektakel verbindet sich mit dem ebenfalls traditionell gepflegten Schwörmontag, der in der Regel am vorletzten Montag im Juli begangen wird. Die ehemalige Verfassungsfeier der Stadt Ulm gab Anlass zum heute höchsten Feiertag der Stadt, an dem – und nur an dem – vom Münster herab die Schwörglocke erklingt. Eine anderes turbulentes Stadtfest ist das alle vier Jahre stattfindende Fischerstechen.

Ab dem Stadtrand begleitet ein Parkstreifen das württembergische Ufer des Grenzflusses. Der Stromstrich stellt die Landesgrenze dar. Die andere Flusshälfte gehört den Bayern. Vereinzelt haben hier Künstler allerlei Großplastiken aufgestellt, über die nicht nur so manche Einheimischen verständnislos die Nase rümpfen. Ein Bayer besieht sich so ein befremdendes Ding missmutig von allen Seiten und bekennt schließlich achselzuckend: »A geh – Kunst? Kunst vagessn.«

An einer Fußgängerbrücke wollen wir uns den recht lohnenden Abstecher in die **Friedrichsau** nicht entgehen lassen. Ein Radwegweiser zeigt zur Donauhalle. Der beliebte Bürgerpark der Münsterstadt mit seinen vielgestaltigen Anlagen erfreut uns mit Wasserläufen, kleinen Seen und Inseln, mit zutraulichem Enten- und Schwanenvolk. Ja, sogar ein Aquarienhaus gibt es hier. Und im angeschlossenen Tropenhaus überraschen Exoten wie Bären, Affen und Schlangen.

Platzangst muss in der Au keiner bekommen. Jeder findet eine Ecke nach seinem Geschmack. Die Kleinen toben sich auf dem Spielplatz aus, die Großen feiern im Sommer bis in die Nacht hinein, nicht nur in den gemütlichen Gasthäusern und Biergärten. Ein wichtiger Teil der ersten Landesgartenschau fand 1980 hier in der Friedrichsau statt.

Artenreiche Böfinger Halde

Wir treideln kurz zurück und gehen über die Donaubrücke zum Sportplatz am Ortsrand des Stadtteils **Offenhausen**. Dort lässt sich der erholsame Ufer-Spaziergang auf der bayerischen Seite fortsetzen. Durch einen zunehmend breiteren Auwaldstreifen kommen wir zum Wasserkraftwerk »Böfinger Halde«. Dort benützt man den Fußgänger-Übergang und kann nach der Querung der Kreisstraße Ulm – Thalfingen sowie der Bahnlinie an der **Böfinger Halde** einen weiteren, besonders wegen des herrlichen Waldes empfehlenswerten Abstecher ins Auge fassen.

Ein Forstweg leitet in leichtem Auf und Ab nach Oberthalfingen. Bei einem mehrfach markierten Wegdreieck kurz vor Thalfingen hält man sich dabei bergwärts und an einem Unterstand rechts. Der Stadtteil gehörte früher als Weiler »Bad Obertalfingen«, der schon im späten Mittelalter einen Gesundbrunnen besaß, zum eigenständigen Dorf Jungingen. Am oberen Ortsrand steht das 1540 von der Ulmer Patrizierfamilie Besserer erbaute Schloss. Das Gebäude ist auch heute noch in privater Hand, kann also nur von außen besichtigt werden. Den ursprünglichen Bau hatten die Franzosen im Jahr 1800 zerstört. Diese Tourenerweiterung dauert hin und zurück rund eineinhalb Stunden.

Wir folgen nun dem als Baumlehrpfad angelegten und mit rotem Dreieck markierten Forstweg links durch das Landschaftsschutzgebiet des artenreichen Hospitalwaldes »Böfinger Halde«, im Volksmund Thalfinger Wald genannt. Dieses ursprüngliche Lehen des Klosters Reichenau war ab 1446 im Besitz von Ulmer Patriziergeschlechtern und immer schon ein wichtiges Naherholungsgebiet der Städter, insbesondere der Böfinger gewesen. Heute gehört der Schutzwald der Hospitalstiftung Ulm. Das tiefreichende Wurzelsystem bietet den besten Schutz gegen Erdrutsch und Bodenabtragung.

Dieser Routenabschnitt ist identisch mit »Hauptwanderweg 2«, dem Schwäbische-Alb-Südrand-Weg, und dem »Hauptwanderweg 4«, dem Main-Donau-Bodensee-Weg. Vom Wanderparkplatz »Böfinger Eiche« führt ein Sträßchen talwärts. Man kreuzt die nach Böfingen steigende Straße und hat auf einem mit der gewohnten Markierung bezeichneten Weg einen kurzen Gegenanstieg zu absolvieren.

Weiter geht's am Waldhang entlang und auf dem Gehweg der B 19 hinein nach **Ulm**. Zuletzt bringt uns die Karlstraße zurück zum Bahnhof, wobei man bei Gelegenheit die Straßenseite wechseln sollte, da vor der Bahnüberführung kein Fußgängerübergang zur Neutorstraße besteht.

An der blauen Donau

Tourensteckbrief

Ulm (478 m) – Friedrichsau (465 m) – Offenhausen (468 m) –
Böfinger Halde (470 m) – Ulm (478 m).

Ausgangsort: Ulm, Hauptbahnhof (478 m, Parkplatz).
Routenlänge: 12 Kilometer.
Gehzeit: 3 1/2 Stunden.
Höhenunterschied: Unerheblich.
Wege: Teilweise bezeichnete Fußgänger- und Forstwege. Keine
   nennenswerten Steigungen.
Für Kinder geeignet: Ja.
Auch als Radtour zu empfehlen: Ja, aber die Fußgängerzone bitte
   umfahren.
Einkehrmöglichkeit: In der Friedrichsau.
Karte: Wanderkarte des Landesvermessungsamtes Baden-Württem-
   berg, Blatt 19 »Ulm – Blaubeuren«, Maßstab 1 : 50 000.

Wenn das Lautertal verstummt

Vom Donau-Ufer zur großen Felsenromantik

Auf dem Schwarzwald-Schwäbische-Alb-Allgäu-Weg durchs eindrucksstarke Tal der Großen Lauter ist im Sommer so einiges los: Spaziergänger mit Kinderwagen und kläffenden Vierbeinern, vielköpfige Wanderergruppen, Pulks von Radfahrern. Im Winter dagegen kehrt in dem ab Anhausen flussabwärts ohnehin verkehrsfreien Lautertal das große Schweigen ein. Nur ein paar Gleichgesinnte, die der besonderen Stimmung dieses Tals der Felsen und Burgen, Höhlen und romantischen Flussschleifen nachspüren. Sogar die Große Lauter selbst verstummt auf ihrem geheimnisvollen Weg zur nahen Donau beizeiten. In besonders kalten Wintern fällt der sonst dralle Wasserlauf bei Unterwilzingen nahezu trocken. Die im Gegenlicht dösenden Wiesenauen verströmen dann eine sanfte Brise Melancholie. Umso mehr gewinnt das nur von ehrgeizigen Sportkletterern zu überlistende Felsenreich an Ausdrucksstärke. Trotzig und abweisend machen sich die jetzt durchs abgelaubte Gezweig grell aufleuchtenden Kalkfestungen breit. Ein Flusstal mit fast alpinem Charakter.

Wer an dem auch zur Winterszeit in der Regel einfach zu begehenden, vom Nordschwarzwald kommenden Weitwanderweg 5 Gefallen findet, der mag ihm eines Tages vom südlichen Albrand in Etappen durch die oberschwäbischen Lande über Biberach bis ins Allgäu folgen, wo er bei Isny auf dem Dach Württembergs, dem Schwarzen Grat, sein Ende nimmt.

Der kürzeste Fluss Schwabens?

Vom Bahnhof in **Rechtenstein** gehen wir an der Bahnhof-Gaststätte vorbei zur Ortsmitte. Direkt an der Donaubrücke begrüßt uns der riesige, spaltartige Eingang zur 53 Meter langen Geisterhöhle. Über eine steile Treppe und durch ein Eisentor – den Schlüssel bekommt man beim Gasthof Brücke – entschwindet der

neugierige Wanderer, in weiser Voraussicht mit einer Stirnlampe ausgerüstet, im finstern Felsenbauch. Die Höhle verzweigt sich mehrmals. Die engen Gänge sind aber nur jeweils ein kurzes Stück ohne Schwierigkeiten begehbar. Eine römische Kulturschicht gab bei Ausgrabungen Steinzeit-Knochen von Höhlenbären und Rentieren frei.

Im Unterstand am Eingang informiert eine Holztafel über die Geschichte von Rechtenstein. Die Felskulisse verleiht dem Donaustädtchen ein mediterranes Gepräge. Der Wanderwegweiser »Emeringen« lenkt uns unter der Burgruine Rechtenstein und der Kirche vorbei zum

Rathaus. Der auffallende, ursprünglich romanische Bergfried der Burg wurde später verändert. In der ausgedehnten Anlage befinden sich noch Mauerreste eines unterkellerten Wohnhauses.

Weiter geht's auf dem »Hauptwanderweg 7«, dem Schwäbische-Alb-Oberschwaben-Weg, der die Städte Lorch und Friedrichshafen miteinander verbindet, Richtung Braunsel. Auf einem Wirtschaftsweg, im weiteren Verlauf auf einem Pfad lässt sich an der breiten, locker bewaldeten Braunsel unter dem mächtigen Hochwartfelsen mit urigen Hangschuttfeldern die alpine Szenerie des Naturschutzgebietes

Mit einem mächtigen Spalteingang öffnet sich die Geisterhöhle in Rechtenstein gegen das Donautal.

weglos am Hochrand des Flüsschens entlang bis zu einem Geländeaufschwung. Dort bringt uns ein kleiner wegloser Abstieg über eine Böschung zu den kristallklaren **Braunselquellen** mit einer maximalen Schüttung von 800 Litern pro Sekunde. Während des Frühjahrs ist diese Donauniederung nicht selten überschwemmt.

Das Eigenwillige an diesem Wasserlauf, der in früheren Zeiten Bronsach genannt wurde: Er bringt nicht mal einen Kilometer Lauflänge zustande, bevor er sich in die Donau ergießt. Ist die von Anfang an mehrere Meter breite Braunsel der kürzeste Fluss Schwabens? Geologen nehmen an, dass die starke Quellschüttung durch die bei Unterwilzingen versickernden Lauterwasser unterstützt wird. Während des frostigen Winters 1962/63 trocknete die Große Lauter in diesem Bereich sogar völlig aus.

Höhlen am laufenden Band

Heidenküche genießen. Immer wieder sprudeln unterirdische Wasser aus den Klüften. Während der warmen Jahreszeit erfreut sich diese Naturinsel einer regen Flora und Fauna.

Der herrliche Erlebniskurs mündet in einen Forstweg. An der Verzweigung bei der Braunselbrücke orientieren wir uns wieder an der Beschilderung »Emeringen«. Schon nach kurzem Anstieg wandern wir beim Flurkreuz nach dem Waldende

Zurück an der Flussbrücke begeben wir uns auf dem mit blauer Raute bezeichneten Kurs ins enge Schelmental und somit hinauf auf die Schwäbische Alb. Die von pittoresken, moosigen Felsstotzen bewachte Mischwald-Enge beflügelt die Phantasie. Kleine Höhlenlöcher säumen den nur unmerklich steigenden Weg. An zwei Talgabelungen ist auf die Markierung zu achten.

Von der Wegteilung am Talausgang folgen wir weiter der blauen

Raute. Nach der Querung der Straße Rechtenstein – Oberwilzingen gehen wir auf dem anfangs geteerten Wirtschaftsweg über Wiesen und Äcker Richtung Unterwilzingen bergauf zur Anhöhe namens **Bising**. Dort erwartet den Wanderer eine hübsche Aussicht zu dem aus der Furche des Donautals hervorspitzelnden Doppelturm der Obermarchtaler Kirche.

Von nun an geht's bergab. Bei einer Straßenquerung kann man noch dem Kalvarienhain, von einer Wacholderhecke umfriedeten Kreuzwegstationen, einen Besuch abstatten. Dann ist **Unterwilzingen** im spannenden und verkehrsfreien Tal der Großen Lauter erreicht. »Burgensammler« werden von hier aus vielleicht erst mal eine kleine Fleißaufgabe einschalten, wobei sich

Über dem Donau-Ufer ragt die doppeltürmige ehemalige Klosterkirche von Obermarchtal auf.

gleich drei Burgplätze auf einen Streich inspizieren lassen. Ein Stück flussaufwärts zweigt an der Einmündung des Marientals ein Wanderpfad ab, der zu den auf einem waldigen Bergsporn schlummernden Überresten der Ruine Sankt Ruprecht führt. Die Burgfläche ist durch einen tiefen Graben vom Bergvorsprung abgesetzt. Von der vermutlichen Hochadels-Wohnstätte sind leider kaum mehr Überreste zu sehen, ebenso fehlen schriftliche Quellen.

Wieso die Burg einen Klosternamen trägt, ist bis heute unklar. Laut Oberamtsbeschreibung habe hier früher mal ein Mönchs- sowie ein Nonnenkloster gestanden, eine unbelegte Behauptung. Auch das Tagwerk, dem die eigenartigen Mönche nachgegangen sein sollen, scheint doch eher fragwürdig. Sollten sie wirklich zusammen mit den Herren der Nachbarburgen Wartstein und Monsberg die durchs Lautertal reisenden Kaufleute ausgeraubt haben? Wahrscheinlich stammt der Name von einem urkundlich genannten kirchlichen Ackerbesitz nahe der Burg Monsberg, der allerdings zum Kloster Sankt Trudpert im Schwarzwald gehörte.

Weiter leitet der Abstecher vorbei an den kläglichen Mauerresten der Ruine Monsberg mit einem – ein wenig unterhalb – erhaltenen Rundbogen. Schließlich führt uns der Weg zur Ruine der 1267 erstmals genannten Burg Wartstein. Kurz vorher versteckt sich etwas ab-

seits das Fuchsloch, auch Wartsteinhöhle genannt. Der ursprüngliche Bergfried, auf einem hohen Felsen protzend, erfreut die Wanderer heute als Aussichtsturm und Vesperplätzchen der Extraklasse. Vom einstigen Wohnhaus finden sich nur noch spärliche Spuren. In der Tiefe, auf einer recht beengenden Terrasse, künden Mauerreste von einem weiteren Gebäude, der unteren Burg. 1495 wurde die Anlage, die wahrscheinlich auf eine Nebenlinie der Grafen von Berg bei Ehingen zurückgeht, zerstört. Hier stößt man auch auf den »Hauptwanderweg 2«, den Schwäbische-Alb-Südrand-Weg von Donauwörth nach Tuttlingen.

Wir folgen von Unterwilzingen nach der Lauterbrücke dem Schwarzwald-Schwäbische-Alb-Allgäu-Weg. Der uferbegleitende Wirtschaftsweg schleicht zwischen dem kurvigen, träge über die verträumten Wiesenauen dahinströmenden Flüsschen und wilden, teils dickbauchigen Felsenfluchten mit beeindruckenden, oftmals überhängenden Wandpartien, Dächern und Rippen, Nischen und Spalten flussabwärts Richtung Lauterach. Das höchst romantische Wandervergnügen erschließt in der köstlichen Winterruhe die Schönheiten dieses großartigen Tales auf besonders einprägsame Art. Sicher eine der faszinierendsten Routen der gesamten Schwäbischen Alb.

Bald nimmt die Lauter, nun mit deutlich stärkerem Gefälle, Wildbach-Charakter an. Über dem südlichen Steilufer befindet sich am Ortsrand von Reichenstein die unzugängliche Ruine der im Bauernkrieg zerstörten Burg Reichenstein. Nach einem reizvollen Grillplatz kommen wir zur **Gaststätte Laufenmühle**, einer willkommenen Einkehrmöglichkeit nach dem ausgedehnten Marsch.

Eine kaum befahrene Straße leitet uns weiter talauswärts. Kurz darauf wollen wir den kleinen Abstecher zur Bärenhöhle im Wolfstal einlegen. Ein sanft ansteigender Forstweg, anfangs gleichzeitig Waldlehrpfad, entführt uns durch eine Felsenge. Herandrängende und von allerlei hartnäckigem Pflanzenleben überwucherte Schwammriffe. Moos greift nach dem nassen Fels und kleidet ihn waldgemäß. Düster ist es in dem artenreichen Mischwald, kühl und moderig. Eine märchenhafte Bühne. Das Schmelzwasser der Eiszeit musste sich durch diese Barriere hindurchfressen.

Mit einem großen Portal öffnet sich wenig oberhalb der Talsohle die begeisternde **Bärenhöhle** (nicht zu verwechseln mit der sehr viel bekannteren Höhle gleichen Namens bei Sonnenbühl-Erpfingen). Neben Funden aus der Hallstatt-, der Bronze- und der Jungsteinzeit ka-

men bei Ausgrabungen in dem sich verengenden, etwa 20 Meter langen, dunklen Loch Knochen von Rentieren und Hyänen zum Vorschein. Gleich oberhalb auf dem Bergsporn existiert eine Wallanlage aus der Bronzezeit.

Wir gehen zurück zur Straße und über die Lauterbrücke. Auf einem leicht steigenden Wirtschaftsweg geht's nach **Lauterach**. In der Ortsmitte nimmt uns eine landwirt-

Im Lautertal bei Unterwilzingen

Durchs spannende Schelmental geht's hinauf in die Schwäbische Alb.

Wenig flussabwärts öffnet sich über dem gegenüberliegenden Ufer die wesentlich geräumigere Jägerhöhle, die auch den Namen Große Höhle trägt. Über eine Fußgängerbrücke, den so genannten Pfaffensteg, gelangt man zu einem weiteren Felsengewölbe. Es ist die zwölf Meter lange Pfaffensteghöhle, die nur mit Mut und List zugänglich ist.

Nach einer kurzen Wegverschmälerung kommen wir zurück ins Donautal. Wir schreiten unter einer Bahnunterführung hindurch und spazieren durch einen Auwaldstreifen flussaufwärts. Wo sich an einer abermaligen Bahnunterführung das Tal öffnet, wählen wir den uferbegleitenden Wiesenpfad und erreichen über eine Fußgängerbrücke **Obermarchtal**.

schaftliche Fahrbahn auf, die mit »Unter- u. Obermarchtal« beschildert ist. Die liebenswerte Lauter bleibt durch das sich nun verschmälernde Tal fortwährend unsere Begleiterin. Wir kommen an einer namenlosen kleinen Höhle vorbei. Direkt vor dem E-Werk zwängt sich der Wasserlauf durch zwei Felsentunnels. Darüber findet man die 14 Meter lange, winzige Bettelhöhle, die leider verschlossen ist.

Die über uns thronende Vierflügelanlage des ehemaligen Klostergebäudes, eine alte Prämonstratenser-Abtei, gehörte ab 1803 den Fürsten von Thurn und Taxis und ist heute in kirchlichem Besitz. Die Kirche des um 776 gestifteten Klosters, jetzt Pfarrkirche, wurde 1686 nach dem Vorarlberger Münsterschema in der Frühstufe des Barocks neu erbaut. Im Nu stehen wir oben im Ort, wo sich ein zweiter Wirtshausbesuch anbietet.

Obermarchtal kann sich übrigens rühmen, einen der ältesten Vorkämpfer der modernen Emanzipation hervorgebracht zu haben. Gemeint ist der 1714 geborene Mundartdichter und Prämonstratenser-Ordenskapitular Sebastian Sailer, der als Kanzelredner fast schon gefürchtet war und auf den sogar Goethe große Stücke hielt. In seiner »Schwäbischen Schöpfung« meint die aus dem Paradies verstoßene, immer noch aufmüpfige Eva:

»Oh jeggerle was fällt ui ei
was fanget ar no a
dass i soll untergeaba sei
und diena gar meim Ma.
Suppa, Knöpfla, Spatza kocha
schpüala, schaffa ganze Wocha
und darnoh zum Lauh (Lohn)
d' Moischterschaft itt hau.«

Wieder unten an der Donaubrücke schlendern wir auf einem Fußweg am Fluss entlang zurück nach **Rechtenstein**.

Tourensteckbrief

Rechtenstein (515 m) – Braunselquellen (518 m) – Bising (621 m) – Unterwilzingen (555 m) – Gaststätte Laufenmühle (524 m) – Lauterach (516 m) – Obermarchtal (539 m) – Rechtenstein (515 m).

Ausgangsort: Rechtenstein, Bahnhof (Parkplatz); Bus von Bahnhof Munderkingen; Bundesstraße 311 von Ulm über Ehingen nach Obermarchtal und nach Rechtenstein abbiegen.

Routenlänge: 18 Kilometer.

Gehzeit: 5 Stunden.

Höhenunterschied: 150 Meter.

Wege: Gut beschilderte Wirtschafts- und Waldwege, kurze Pfadabschnitte und ein kleines wegloses Stück. Kaum nennenswerte Anstiege.

Für Kinder geeignet: Nein.

Auch als Radtour zu empfehlen: Ja (dann auch für Kinder geeignet), kurze Schiebestrecken und Fußabstecher.

Einkehrmöglichkeiten: Gaststätte Laufenmühle, Lauterach, Obermarchtal.

Karte: Wanderkarte des Landesvermessungsamtes Baden-Württemberg, Blatt 20 »Sigmaringen – Ehingen«, Maßstab 1 : 50 000.

Gesundheitsbrünnele und Stoffelberg

Weltabgeschiedenes Landgericht

Bei Ehingen mündet am Südwesteck des Hochsträß die durch das Tal der Ur-Donau strömende Schmiech in die Donau. Gräber aus der Bronze- und Hallstattzeit sowie alamannische Reihengräber und Spuren der Römer erzählen von einer bewegten Vergangenheit des schon frühzeitig wichtigen Verkehrsknotenpunktes.

Am weltabgeschiedenen Gesundheitsbrünnele westlich von Ehingen

Trotz der bedeutenden Größe der Stadt – es ist die größte im Alb-Donau-Kreis – erlebt der Wanderer, kaum hat er das letzte Haus hinter sich gelassen, völlige Stille und Abgeschiedenheit. Insbesondere trifft dieser erfreuliche Umstand für das westliche Umland zu. Im Nu hat der zum Landgericht hinaufziehende, ausgedehnte Wald, durch den diese leichte Höhenwanderung führt, jeglichen Lärm verschluckt.

Der arme Ritter von Eschenbach

Am Bahnhof in **Ehingen** begeben wir uns auf die mit blauem Dreieck markierte Albvereinsroute Richtung Mundingen. Diese leitet auf Fußgängerwegen über die Bahn- und die Bundesstraßen-Überführung. Bald nach dem Ortsende wird nochmals eine Straße gequert, dann

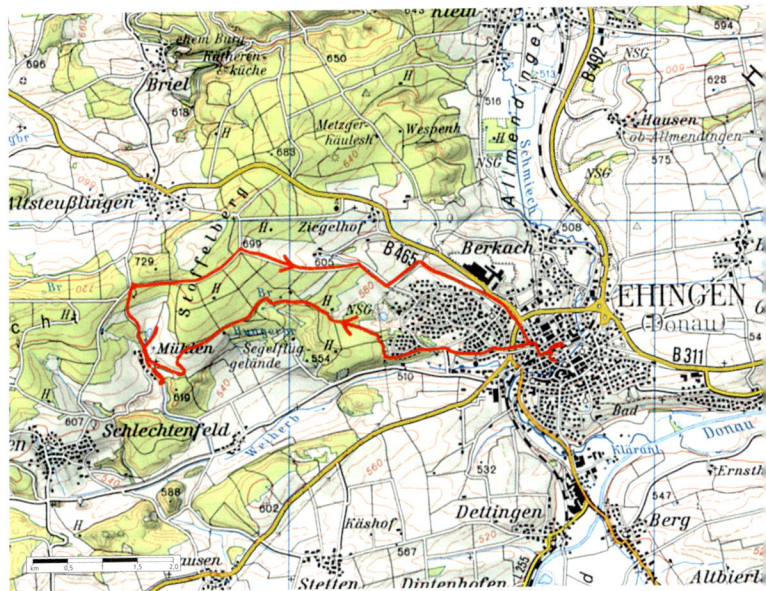

geht's kaum spürbar hinauf zum Stadtteil **Büchele**.

Dort nehmen wir am Ortsbeginn den genüsslichen, anfangs am Waldrand verlaufenden Wanderweg, der ab einer Anhöhe, mehrere Forstwege kreuzend, sogar extra für das Fußvolk ein längeres Stück geteert wurde. An der Verzweigung nach einem breiteren Wegabschnitt bleiben wir der Mundinger Beschilderung treu.

Am liebsten möchte man diesem vorbildlich markierten Erholungskurs durch die erfrischende Waldeinsamkeit gleich bis nach Mundingen folgen. Erst dort nämlich nimmt der Wald nach einer mehrstündigen Durchquerung ein Ende. Wo sich die Route zu einem

Pfad verschmälert, gelangen wir in Kürze bergauf zum **Gesundheitsbrünnele**.

Eine kleine Quelle plätschert in ein mit Natursteinen gemauertes Miniaturbecken. Rastbänke laden in diesem anheimelnden Winkel zum Träumen ein. Will man der Sage Glauben schenken, so stößt man hier gelegentlich auf den Ritter von Eschenbach, der immer noch auf seine Erlösung wartet. Nur ein unschuldiges, blondes und blauäugiges Mädchen, das nie etwas anderes getrunken hat als Wasser und Milch, könne den Rittersmann von seinem Schwur befreien, dass er in seinem Leben nie mehr einen Tropfen Wasser zu sich nehmen werde.

Über Viehweiden dem Donautal zu

Weiter geht's auf einem Forstweg. An der nächsten Kreuzung halten wir uns Richtung Mühlen und bummeln am Ende der Steigung auf einem Waldweg zu einer Forsthütte. Der nun den Waldsaum begleitende Pfad schenkt schöne Ausblicke übers Kirchener Tal. Zuletzt gelangt man auf einem Wirtschaftsweg mit einer Pfadabkürzung bergab zum abgelegenen Weiler **Mühlen**. Hier gehen die Uhren noch ein wenig anders.

Nur ein paar Minuten wären es auf der Straße zum südlichen Ortseingang. Dort findet man auf der westlichen Talseite das »Felsställe«.

Unter dem Felsüberhang lagerten schon während der jüngeren Altsteinzeit Jäger und Sammler.

Das Wandertäfelchen »See« weist uns den weiteren Kurs. Auf einem unwesentlichen Abstecher kommt man am nördlichen Ortsrand zu zwei kleinen Stauseen mit einem Hirschgehege. Wieder auf der Hauptroute richtet man sich nach der Beschilderung »Höhenweg Ehingen«. Ein Natursträßchen leitet bergwärts am Antoniusbrunnen, einer weiteren Quelle samt Rastplatz, vorbei.

Zurück im Wald schlägt man an der Straßeneinmündung bei der noch jungen Friedenslinde auf der Eichhalde den Forstweg Richtung Ehingen ein. Auf der zügigen Stre-

Vor dem Abstieg ins Dörfchen Mühlen öffnet sich der Wald.

cke, die an einer Kreuzung auf dem **Stoffelberg** mit »Reithalle« beschildert ist, hält man sich einfach immer der Nase nach. »Berg« ist im Übrigen eine etwas hochstaplerische Bezeichnung für den nahezu plattgewalzten Höhenzug südöstlich von Altsteußlingen. Aber wer legt auf dem Landgericht schon alpine Messlatten an? Die Luft ist hier heroben allemal deutlich besser als 200 Meter tiefer in Ehingen.

Am Waldende beginnt der Weg zu fallen. Über die so genannte Jungviehweide spazieren wir aufs Donautal zu. Nach dem lang gezogenen Weidehang finden wir parallel zu einem Sträßchen einen Wanderweg vor. Im weiteren Verlauf kehren wir auf einem geteerten Wirtschaftsweg an der Hochspannungsleitung entlang über Äcker zurück nach **Ehingen**, wobei das blaue Dreieck zuverlässig den Weg weist.

Die frühbarocke Konviktskirche in Ehingen

Noch eine Stadtbesichtigung gefällig?

Sicher bleibt noch Zeit, um sich in dem Winkelwerk von schmalen Altstadtgassen mit den zahlreichen Brücken und Stegen über die Schmiech ein bisschen umzusehen. Leider hat das bereits 961 zum ersten Mal genannte Ehingen durch zwei verheerende Großbrände arg gelitten.

Den Stadtpark mit dem Groggensee inspiziert, vorbei am mächtigen Löwen, ist man gleich in der Oberstadt. Hier empfängt einen das von den Benediktinern aus Zwiefalten errichtete bischöfliche Konvikt mit der frühbarocken Konviktskirche »Zum Heiligen Herzen Jesu«. Sehenswerte Stuckaturen und Fresken sowie ein schönes Altarbild lohnen einen Besuch des in Form eines griechischen Kreuzes erbauten Gotteshauses. Einst stand an dieser Stelle das Stadtschloss der Herren von Berg.

Prunkvolle Altäre findet man auch in der von außen nüchtern wirkenden franziskanischen Liebfrauenkirche und der einst gotischen Stadtpfarrkirche Sankt Blasius, einer der größten Barockkirchen Oberschwabens.

Stolze Giebelhäuser, zum Teil mit beachtenswertem Fachwerk, der Marktbrunnen, das Schlössle und das Ritterhaus, nicht zu vergessen die bewahrten Stadttore, verleihen der alten Donaustadt ein mannigfaltiges Gepräge. Das Museum der Stadt Ehingen befindet sich im ehemaligen Heilig-Geist-Spital in der Kasernengasse an der Schmiech. Einen vortrefflichen Rundblick bietet natürlich auf der Wolferthöhe der 30 Meter hohe Kaiser-Wilhelm-Aussichtsturm.

Von diesem führt für unersättliche Entdecker auf Schusters Rappen am Albrand entlang und am Wasserturm vorbei ein mit blauem Dreieck markierter, hübscher Wanderweg nach Nasgenstadt im Donautal. Von dort hat man die Möglichkeit, auf einem mit blauer Raute bezeichneten Kurs am Rand eines Riedgebietes mit einem Donau-Altwasser zum Ehinger Bad zurückzukehren.

Tourensteckbrief

Ehingen (500 m) – Büchele (540 m) – Gesundheitsbrünnele (620 m) – Mühlen (590 m) – Stoffelberg (710 m) – Ehingen (500 m).

Ausgangsort: Ehingen (Donau), Bahnhof (Parkplatz), Zugverbindung von Ulm.
Routenlänge: 17 Kilometer.
Gehzeit: 4 1/2 Stunden.
Höhenunterschied: 270 Meter.
Wege: Bestens bezeichnete Wander-, Forst- und Wirtschaftswege, ein kurzes Stück Pfad. Einfache Steigungen.
Für Kinder geeignet: Nein.
Auch als Radtour zu empfehlen: Nein.
Einkehrmöglichkeit: In Mühlen.
Karte: Wanderkarte des Landesvermessungsamtes Baden-Württemberg, Blatt 20 »Sigmaringen – Ehingen«, Maßstab 1 : 50 000.

Durch den Heggbacher Wald zu den Rißtalrieden

Schaltung und Wadenmuskeln überflüssig

Zwischen Biberach und Laupheim stoßen zwei gegensätzliche landschaftliche Charaktere aufeinander: das für Oberschwaben gewohnte Bild des Moränen-Hügellandes und die einer Tiefebene gleichenden Riede des Rißtals. Gleich beim ersten Blick in die Landkarte sticht dem Genießertyp unter den Radwanderern in dieser Gegend ein recht verlockendes Tourendreieck ins Auge. Von dem in südwestlicher Richtung verlaufenden Rißtal zweigt in Laupheim nach Südosten das Tal der Rottum ab. Will man durch beide Täler eine so richtig lockere Faulenzerrunde kreieren, braucht man beispielsweise bei Heggbach nur eine einzige Steigung zu überwinden und selbst die lässt den Muskelantrieb völlig kalt.

Eine Schaltung erweist sich für das Flachland-Unternehmen fast als überflüssig. Da es der Schnee in dieser Region meist nur kurzzeitig aushält, ist die Tour – abgesehen von ein paar Neuschnee- und Sauwettertagen – ganzjährig befahrbar.

Laupheimer Juden und ein vergessliches Bäuerlein

Erst wollen wir uns mal im abwechslungsreichen Städtle ein klein wenig umsehen. **Laupheim** erreicht der Radfahrer mit dem Zug bequem von Ulm auf den Spuren der berühmten »Schwäb'schen Eisenbahn«. Ein Radweg verbindet den Westbahnhof über die Dürnach und Rottum mit der Stadt. Wegen des modernsten süddeutschen Mittelplanetariums bezeichnet sich Laupheim auch als »Fenster zum All«. Wir halten uns erst Richtung Ulm und folgen der Gartenstraße ins geschäftige Zentrum. Bei der Kreissparkasse lenken wir links und queren die Hauptverkehrsstraße zum sieben Hektar großen Schlosspark, fast ein Muss für Besucher. Vom zutraulichen En-

115

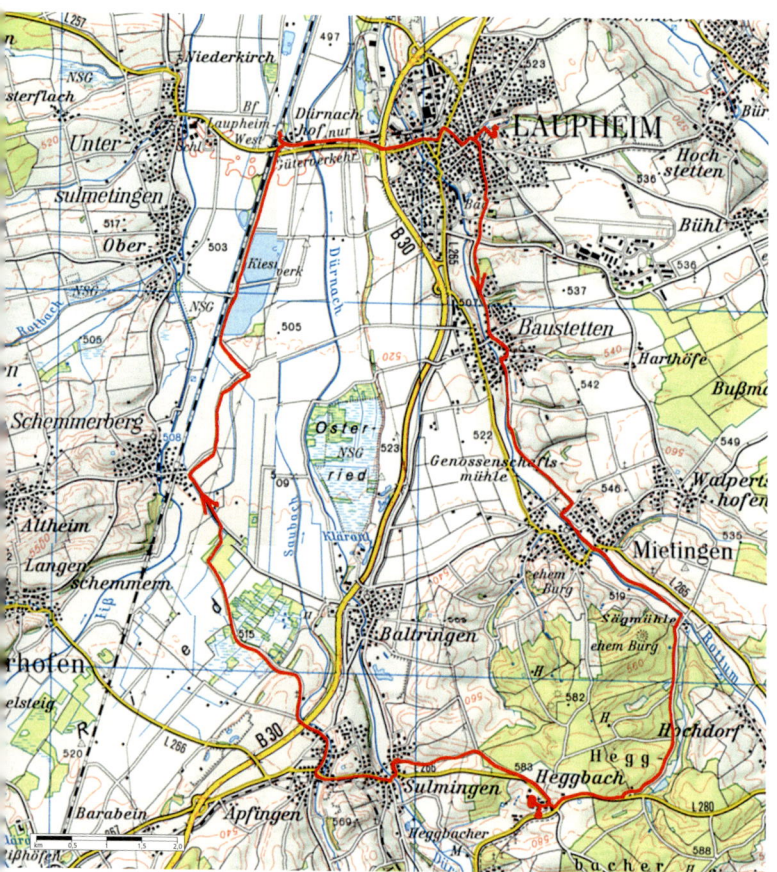

tenvolk belebte Stillgewässer und ein versonnen dahinströmender Bachlauf gliedern das verträumte Erholungsgebiet mit seinen altehrwürdigen Charakterbäumen, Quelltöpfen, einem Rosengarten und Vogellehrpfad.

Nur ein Katzensprung ist es schiebend hinauf zur sehenswerten Mariengrotte hinter der stolz weithin grüßenden frühbarocken Zwie-belturmkirche Sankt Peter und Paul. Gleich daneben lädt das Schloss Großlaupheim zu einem Besuch. In dem einstmaligen Sitz der Freiherrn von Welden ist beispielsweise das Museum zur Geschichte von Christen und Juden untergebracht, in dem man sich über das Leben der bereits im 18. Jahrhundert hier ansässigen jüdischen Gemeinde ein Bild machen kann.

Die Juden hatten unter anderem den Viehmarkt im Laupheimer Raum deutlich vorangetrieben. Die vielleicht bedeutendste jüdische Familie der Gegend war die Familie von Steiner, die bis 1961 im Besitz des Schlosses war. Kilian von Steiner war wegen seiner Verdienste um das Königreich Württemberg sogar geadelt worden. Ein anderer bedeutender Laupheimer Jude war der später in die USA emigrierte Carl Lämmle, Filmpionier und Begründer der Filmstadt Hollywood.

Nun drängt es uns aber endgültig hinaus ins freie Wiesenland, wohl wissend, dass Laupheim noch manch andere Sehenswürdigkeit zu bieten hat. Mitstreitern, die sich so gar nicht vom städtischen Erlebnis zu trennen vermögen, geben wir das Versprechen, unsere Erkundungsfahrt nach erfolgter Rückkehr fortzusetzen. Wer allerdings sein Versprechen nicht hält, dem könnte es leicht ähnlich ergehen wie jenem Laupheimer Bauern, der, so die Sage, zum Einlösen seines Gelöbnisses gezwungen wurde: Eines Tages kam er mit einer Fuhre Getreide gerade zur Wandlung am Gottesackerkirchlein vorbei und störte kaltschnäuzig die Andacht, indem er seine Rösser kräftig die Peitsche spüren ließ. Als jedoch sein Wagen schlagartig wie festgenagelt verharrte und um nichts in der Welt

Der Laupheimer Schlosspark bietet zu allen Jahreszeiten eine stimmungsvolle Tourenunterbrechung

Der große Baggersee im Freizeitbereich »Rißtal«

mehr von der Stelle zu bewegen war, flehte er um Gnade und versprach in seiner Not, um das gesamte Gebäude eine Kette schmieden zu lassen. Der Herr ließ Nachsicht walten. Das Bäuerlein aber vergaß das heilige Gelöbnis. Der Tag kam, als der gedächtnisschwache Laupheimer wieder mal das Kirchlein passierte. Diesmal hatte Gott kein Einsehen mehr und ließ das Gespann stecken, bis eine aus Hufeisen gefertigte Eisenkette das Gotteshaus gänzlich umspannte.

Auf dem Fernradweg südwärts

Vom Zentrum aus schlagen wir beim hübschen Marktbrunnen den Kurs zum Stadtbad ein und gelangen im weiteren Verlauf auf einer Radrollbahn zum Stadtteil **Baustetten**. Das Täfelchen des Radwanderwegs »Baden-Württemberg«, es ist der Donau-Bodensee-Weg, leitet uns durchs Dorf. Ab dem Ortsende nimmt uns erneut eine den Leisetretern vorbehaltene Fahrbahn auf. An der schmalen Rottum sausen die Drahtesel durch das schweigende Tal nach **Mietingen**.

Der Radwegweiser »Schönebürg« dirigiert uns auf ein fortwährend an dem trägen Flüsschen entlangführendes Wirtschaftssträßchen. Nun wachsen die Höhen westlich der nur sanfte Biegungen beschreibenden Talführung deutlich an. Wenn einem nicht gerade der Gegenwind ein Schnippchen schlägt, rollen die

Gummiwalzen auf der zügigen Strecke fast von allein.

Im Weiler Sägewerk steuern wir
unsere Speichentransporter über
die Rottumbrücke und verlassen das
Tal auf dem geradeaus leitenden,
später auch als Radroute ausgewiesenen Forstweg. Durch den geruhsamen Heggbacher Wald erfreut
man sich weiterhin eines entspann-
ten Dahinrollens. Kaum spürbar
steigt das Gelände an. Was will man
mehr? Etwas abseits dieser köstlichen Wegführung versteckt sich
ein kleiner Weiher. Nach einer kurzen Steigung auf der Landstraße,
die von Schwendi herkommt, bieten
sich im Maselheimer Weiler **Heggbach** die Heggbacher Einrichtun-
gen zu einem kleinen Rundgang an.

Der beachtliche Komplex für
Behinderte zeigt ein buntes Neben-
einander aus Alt und Neu. Von den
frühen Gebäuden existiert noch der
Kreuzgang, der sich durch filigrane
Renaissance-Ornamente auszeich-
net. Auch die aus dem Jahr 1470
stammende Muttergottes im gotischen Chor der Kirche soll hier erwähnt sein. Die einst hier ansässigen Zisterzienserinnen wurden
1803 aus dem im 13. Jahrhundert
gegründeten Kloster vertrieben.

Auf einem Radweg durchque-
ren wir abermals ein Waldstück.
Dann treffen wir nach einer be-
schwingten Abfahrt in **Sulmingen**
ein. Die Landstraße nach Biberach
leitet uns über die Dürnach ins benachbarte **Äpfingen**, das wie Sulmingen zur Gemeinde Maselheim

*Die träge Rottum begleitet die
Fahrt in den Heggbacher Wald.*

gehört. Durch das Dorf fließt der
unscheinbare Saubach. Die Ortschaft ist auch Station der an den
Wochenenden von Mai bis Oktober
von Warthausen nach Ochsenhausen dampfenden Museums-
Schmalspurbahn »Öchsle«.

Flach, flacher, am flachsten

Wir fahren anfangs Richtung
Laupheim und auf dem nach Munderkingen beschilderten Radwanderweg unter der Schnellstraße hin-

Am so genannten »Natursee« bei Laupheim

durch. Bald rauschen die Reifen auf einer Naturfahrbahn, von einer hübschen Allee gesäumt, durch die weitläufige Riedlandschaft. Teilweise verwilderte Gehölzflecken mit dichtem Unterwuchs werden durch kleine Acker- und Wiesenparzellen aufgelockert. Auffallend ist die pechschwarze Ackerkrume. Vor der planmäßigen Entwässerung muss sich hier im Oberen Ried ein wuchernder Moordschungel ausgedehnt haben. Das herrlich einsame Strampelerlebnis entführt in eine Umgebung, die einen wieder restlos zur Ruhe kommen lässt.

Doch was ist mit den Formen los? Längst haben sich jegliche Bewegungen in ein Nichts aufgelöst. Die Eiszeit-Schmelzwasser leisteten auf ihrem einstigen Weg nach Norden ganze Arbeit. Kein Hügel, keine Senke, nicht mal eine winzige Erdwarze. Ange-

Wildnisinsel im Oberen Ried zwischen Äpfingen und Schemmerberg

sichts dieser wie abgehobelt anmutenden Ebene gehört schon eine Portion Phantasie dazu, sich unseren geliebten Planeten als Kugel vorstellen zu können. Die nächsten sechs Kilometer Fahrstrecke bringen uns gerade mal ein Gefälle von zehn Metern ein. Na ja, »Gefälle« – eher ein Zustand, der nicht mal die Blase in der Präzisions-Wasserwaage aus der Ruhe bringt. Vermessungstrupps, die hier ganztägige Nivellements

durchführen müssen, werden sich wohl nur mit starkem Kaffee wach halten können. Dass die nahe Riß in dieser Reißbrett-Landschaft überhaupt noch zur Gattung der Fließgewässer gezählt werden darf, mutet wie ein Wunder an.

Ein Radweg bringt uns zum Schemmerhofer Ortsteil **Schemmerberg** mit hochthronender Kirche. Am Ortsanfang entscheiden wir uns für das rechts abzweigende, verkehrsfreie Sträßchen durch das leider völlig kultivierte Untere Ried. Nach einer Bachbrücke schwenkt man an einer Starkstromleitung links auf eine ungeteerte Fahrbahn ab. Diese begleitet an einem ewig langen Förderband den so genannten Natur-See, ein Schutzgebiet für seltene Pflanzen und Tiere.

Zwischen der noch jungen Uferbepflanzung stehen zwei gemütliche Ruhebänke mit hohen Lehnen. Zwangsläufig greift man in die Bremsen. Wäre der winzige Waldstreifen nicht vorhanden, käme man sich, zumal wenn ein launischer Ostwind die Wellen über den Baggersee herantreibt, fast vor wie am offenen Meer. Immer noch kein einziger Höhenzug weit und breit, der den Horizont zu begrenzen vermöchte. Für das Schwabenland ein ungewöhnlicher Anblick.

Bei einem Kieswerk folgen wir im Freizeitbereich »Rißtal« der Bahnlinie entlang eines noch größeren Baggersees. Fischerkähne reihen sich an seinem Ufer auf Kiesbänken aneinander. Auf dieser anhaltenden Bolzengeraden zurück zum Westbahnhof von **Laupheim** macht es so richtig Spaß, seinem Speichengaul mal ordentlich die Sporen zu geben.

Tourensteckbrief

Laupheim – Baustetten (7 km) – Mietingen (4 km) – Heggbach (6 km) – Sulmingen (3 km) – Äpfingen (1 km) – Schemmerberg (6 km) – Laupheim (5 km).

Ausgangsort: Laupheim, Westbahnhof (500 m, Parkplatz), Zug von Ulm.
Routenlänge: 32 Kilometer.
Fahrzeit: 3 Stunden.
Höhenunterschied: 110 Meter.
Straßen und Wege: Rad-, Wirtschafts- und Forstwege, meist verkehrsfreie Straßen. Kleine Steigungen.
Für Kinder geeignet: Ja.
Auch als Wanderung zu empfehlen: Nein.
Karte: Wanderkarte des Landesvermessungsamtes Baden-Württemberg, Blatt 21 »Biberach – Ochsenhausen«, Maßstab 1 : 50 000.

Schlängelfluss im Auenwald

Zwischen Rot und Rottum im nördlichen Oberschwaben

Nördlich von Gutenzell zeichnet die in etwa richtungsgleich mit der Iller verlaufende Rot künstlerische Biegungen durch Feuchtwiesen und Auwälder. Stimmungsvolle Altwasser bereichern die Szene. Ein unverfälschtes Stück Natur. Dieses Gesicht des oberschwäbischen Flüsschens ist keineswegs als gewöhnlich anzusehen. Oftmalige Hochwasser brachten es mit sich, dass man sowohl den Oberlauf wie auch die unteren Flusskilometer mehr und mehr in ein »Korsett« zwang. Kanalähnlich ordentlich geradeaus, wie das eben früher so üblich war. Ist der Gemeinde Gutenzell die nötige Geldquelle für einen weiteren Ausbau versiegt oder sollte sie gar eine Vorreiterrolle in Sachen Naturschutz gespielt haben?

Feuchtbiotop am Gutenzeller Ortsrand

und Tierwelt, vor allem für die bedrohten Arten, sowie für die Flussdynamik selbst einen unschätzbaren Wert dar. Und noch eine ganz andere Bedeutung kommt dieser Vorzeige-Landschaft zu: Wandern ist auf dem Talabschnitt zwischen Gutenzell und Huggenlaubach ein Gedicht.

Auch das Tal der benachbarten Rottum bietet schöne Eindrücke, obwohl diese Wasserader ihren ursprünglichen Lebenswillen längst ausgehaucht hat und brav und gefügig durch einen künstlichen Graben daherschießt. Auf einer leichten Wandertour rund um den Hürbler Wald lernt man beide Flusstäler ein wenig kennen und die erholsame oberschwäbische Kulturlandschaft noch mehr schätzen.

Es waren in der Tat einheimische Naturschützer, die vor noch gar nicht allzu langer Zeit die geplante Flussbegradigung erfolgreich bekämpfen konnten. Die Rotmäander hinunter nach Niedernzell stellen heute jedenfalls für die Pflanzen-

An der ursprünglichen Rot

Wir gehen vom Rathaus in **Gutenzell**, dem einstigen »bona cella«, durch den Torbogen zum geräumigen und ansprechenden Klosterhof.

Individueller Weggeselle im Rottal

Der Wegweiser »Schwendi« lenkt uns auf eine mit blauem Punkt markierte Wanderroute. Die Gebäude des ehemaligen Zisterzienser-Reichsstifts (1237–1851) dienen heute verschiedenen weltlichen Zwecken. Bemerkenswert ist neben der Klosterkirche Sankt Kosmas und Damian, einer unter der Leitung von Dominikus Zimmermann barockisierten, mittelalterlichen Pfeilerbasilika, eine mächtige Douglasie von 1905. Das Gebetshaus beherbergt eine bedeutende Weihnachtskrippe mit 200 Krippenfiguren.

Auf dem beschilderten Fußweg Richtung Gottesackerkapelle bummeln wir durch eine hübsche Eschenallee. Das Naturdenkmal hat bereits mehr als 150 Jahre auf dem

Aufgelassene Kiesgrube bei Hürbel

Einsame Feldflur über dem Tal der Rottum

Buckel. Nach einem Feuchtbiotop mit kleiner Insel leitet ein Wirtschaftsweg an der Rot entlang, die von einem herrlichen Auwaldstreifen gesäumt wird. Völlig ungezwungen strömt sie dahin, strotzt nur so vor natürlicher Vitalität, verlegt Prall- und Gleithänge ganz nach eigenem Gutdünken, baucht die verträumten Windungen immer mehr aus.

Wird schließlich ein Schlingenhals durchbrochen, entsteht ein Altwasser-Biotop. Das hier noch funktionierende ökologische Gleichgewicht bewirkt für die nachfolgenden Gemeinden und vor allem für die Donau einen wesentlich günsti-geren Hochwasserverlauf als ein kanalartiger Ausbau, der unweigerlich zur Sohlenvertiefung und insbesondere zu einer Strömungs-Beschleunigung führt.

An der folgenden Gabelung mit Bildstock wandern wir leicht bergauf zu einem Waldeck. Dort steigt ein unbezeichneter, schattiger Pfad zur Friedhofskapelle auf einer Anhöhe.

Ein Wanderweg führt bergab, zurück zum Talweg. Am Bergfuß durch erfrischende und eigenwillige, von Eschen und Erlen bestimmte Hangquellwälder spazierend, die im März leuchtende Märzenbecher-

Teppiche schmücken, passiert man moorige Quellen. Unvergesslich bleibt dieses begeisternde Naturerlebnis auch Ende April, Anfang Mai wenn die Buchen ausschlagen. Bald begleiten uns wieder die verspielten Flussschleifen der Rot. Eine botanische Besonderheit ist der auf dem Grund des Flüsschens gedeihende Flutende Hahnenfuß. Die im Hochsommer weiß blühende Unterwasserpflanze kommt mit dem Leben in der Strömung bestens zurecht. Von manchen hier lebenden Insektenarten behaupten Botaniker, dass diese in ganz Baden-Württemberg nirgendwo sonst vorkommen. Auch die Fischvielfalt gilt als beispielhaft.

Unser Schleichwegkurs mündet dort, wo sich die Rot gefügig in ihr kanalisiertes Schicksal ergibt, links in ein Wirtschaftssträßchen. Dieses bringt uns am Gedenkkreuz eines beim Rindenschälen verunglückten Waldarbeiters vorbei und, das Laubachufer wechselnd, zum Weiler **Huggenlaubach**. Neben dem Kreuz fällt ein origineller Radwander-Wegweiser ins Auge. In holder Eintracht haben sich Kuh, Schwein und Huhn, in die Pedale tretend, auf den Weg gemacht. Wir folgen geradeaus einem weiterhin im Talbereich verlaufenden stillen Sträßchen und kommen nach **Dietenbronn**. Der kleine Ort liegt an der Nordostecke des Hürbler Waldes, besitzt eine moder-

Die charaktervolle Kirche von Hürbel

127

Das Ufer der Rot ist wild bewachsen.

ne Fachklinik für Neurologie und einen hübschen Weiher.

Im Tal der Rottum

Am Ortsende beachtet man den Wanderwegweiser »Schönebürg« und überwindet den kleinen Talhang bergan zur Ackerhochfläche. Von der Gabelung am Teerende hinter einem Kieswerk geht's geradeaus auf einen Feldweg. An der Abzweigung bei einer Ruhebank sollte man ein besonderes Augenmerk auf das Markierungszeichen richten. In **Schönebürg** wendet man sich links und biegt nach dem Ortsausgang rechts ab. Am Straßenende im Ortsteil Kreuzberg auf ei-

nem Fußweg talwärts schlendernd bleibt man weiter dem mit blauem Kreuz bezeichneten Kurs treu. In der Talsohle der Rottum finden wir einen angenehmen Waldweg vor, der zwischendurch kurzzeitig in ein Wirtschaftssträßchen wechselt.

Nach ein paar verschwiegenen Tümpeln geht's am Westrand des Hürbler Waldes sanft bergauf zum Weiler **Allmethofen**. Das Markierungskreuz lässt nirgendwo Orientierungsprobleme aufkommen. Auf einem verkehrsfreien Sträßchen, zuletzt auf einem Fußgängerweg gehen wir an einer ehemaligen Kiesgrube vorbei hinein nach **Hürbel**, wo wir das Schloss mit seinen vier runden Ecktürmen bewundern können. Auch das Kirchlein ist einen Besuch wert. Bei diesem halten wir uns Richtung Reinstetten und treffen nun wieder auf die gewohnte Wanderweg-Markierung.

Das kaum spürbar steigende Wirtschaftssträßchen über die sanft gewellte Feldflur, eine harmonische und beruhigende Kulturlandschaft, schenkt schöne Ausblicke nach Reinstetten im Rottumtal und führt uns zur Kuppe des Hengstbergs. Ungestört kann man dem anhaltenden, trillernden Lied der Lerchen hoch in den Lüften lauschen. Diese gut gelaunten Bewohner des Ackerlandes vertreiben mit ihrem Gesang die Müdigkeit restlos aus unseren Gliedern.

Ein wieder mit blauem Punkt markierter Waldweg leitet Richtung Gutenzell hinunter zu den Anwesen von **Dissenhausen**. Wir halten uns dabei an einer unbeschilderten Verzweigung links. Auf einem Pfad lassen wir die Runde über den Laubachsteg zurück nach **Gutenzell** gemütlich ausklingen.

Tourensteckbrief

Gutenzell (550 m) – Huggenlaubach (545 m) – Dietenbronn (535 m) – Schönebürg (559 m) – Allmethofen (560 m) – Hürbel (579 m) – Dissenhausen (570 m) – Gutenzell (550 m).

Ausgangsort: Gutenzell, Bushaltestelle am Rathaus (Parkplatz); Busverbindung von Warthausen (Riß) und (außer sonntags) von Biberach (jeweils Zug von Ulm); oder von Ulm auf der A 7 und über Altenstadt, Sinningen und Kirchberg.
Routenlänge: 23 Kilometer.
Gehzeit: 6 Stunden.
Höhenunterschied: 150 Meter.
Wege: Ausreichend bezeichnete Wirtschafts- und Waldwege, verkehrsfreie Gemeindesträßchen und kurze Pfadabschnitte. Harmlose Steigungen.
Für Kinder geeignet: Nein.
Auch als Radtour zu empfehlen: Ja (dann auch für Kinder geeignet).
Einkehrmöglichkeiten: Schönebürg, Hürbel.
Karte: Wanderkarte des Landesvermessungsamtes Baden-Württemberg, Blatt 21 »Biberach – Ochsenhausen«, Maßstab 1 : 50 000.

Über die Sendener Baggerseen ins Tal der Weihung

Familienradtour am Unterlauf der Iller

In der nördlichsten, überwiegend bäuerlichen Ecke Oberschwabens bietet das Hügelland zwischen den Industriegebieten an Donau und Iller dem Hobbyradler eine überzeugende Auswahl ruhiger, familienfreundlicher Nebenstraßen. Diese lassen sich hervorragend mit einer Etappe auf dem Iller-Radwanderweg kombinieren.

Auffallend einsam erweist sich zum Beispiel der Flussabschnitt zwischen den beiden betriebsamen Städten Vöhringen und Senden. Auch beiderseits des Weihungtals bei Staig und Schnürpflingen sind Hektik und Lärm Fremdwörter. Besonders ins Auge fallen in dieser Gegend die unterschiedlichen Kirchenbauweisen.

Auwald-Spazierfahrt

Erst seit 1977 darf sich **Vöhringen** Stadt nennen. Wir orientieren uns beim Bahnhof am Wegweiser Wieland-Werke und folgen der Hauptverkehrsstraße Richtung Laupheim quer durch die Illerstadt. Ab der Ortsmitte leitet uns dabei ein Radweg zum Industriegebiet. Am Stadt-

Erstarrt: die Sendener Baggerseen

Im geschützten Iller-Auwald

rand lenkt der Wanderwegweiser »Senden« auf den Illerufer-Wirtschaftsweg.

Längere Zeit erwartet uns nun eine recht zufrieden stellende Erholungsfahrt. Bald nimmt uns ein geschützter Auwald auf. Allmählich verklingt die Lärmglocke Vöhringens. Nur noch vielstimmiges Vogelgezwitscher. Der harmonische Tourenauftakt wird lediglich bei der Einmündung des Werkskanals durch die kurze Schieberei über eine Fußgängerbrücke unterbrochen. Vielleicht sollte man diesen vergnüglichen, von Ulm bis nach Oberstdorf ausgeschilderten Fernradweg gele-

gentlich mal für einen ganzen Tag unter die Reifen nehmen.

Nach der Unterquerung einer Rohrleitung führt ein Waldwegabstecher zu den Sendener Baggerseen, die sich geradezu anbieten für eine Rast oder einen kleinen Spaziergang. Gleich in der Nähe, am Ende des nördlichen Sees, lädt ein Bad zu einer erfrischenden Schwimmrunde.

Wir fahren zurück zur Hauptroute und beachten wenig später die Beschilderung »Iller-Radwanderweg«. Bei einem Stauwehr geht es wieder über einen hier beginnenden Kanal. Am Ortsrand des 1975 zur Stadt erhobenen, heute von der

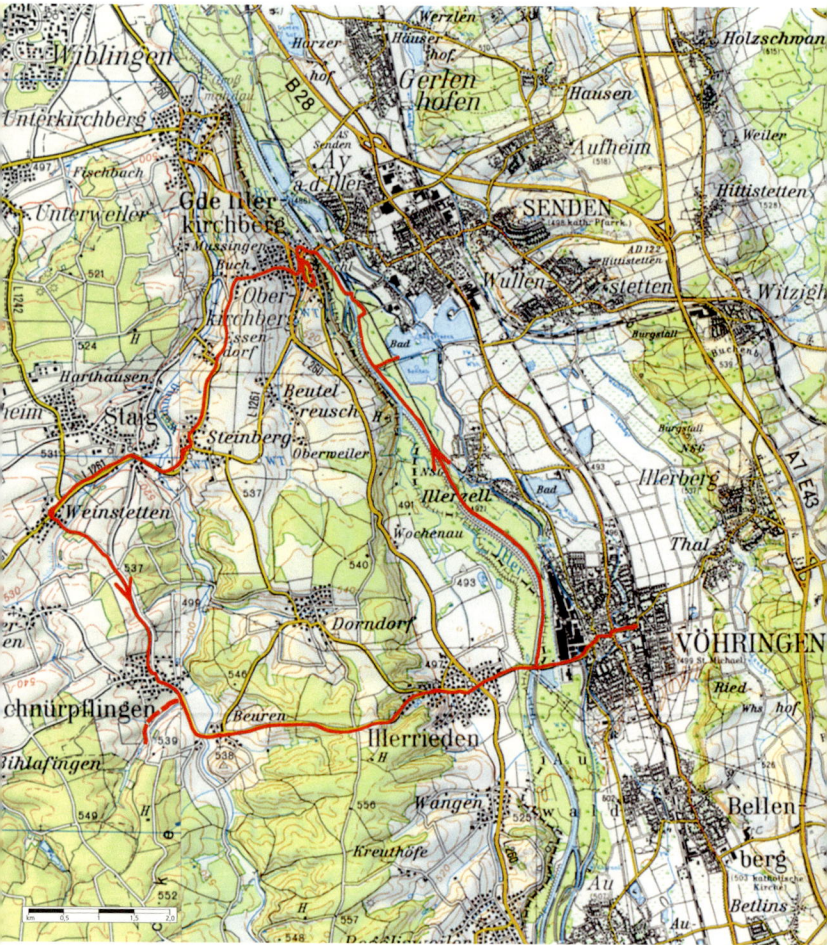

Industrie geprägten Städtchens Senden trägt uns eine Flussbrücke in die benachbarte württembergische Gemeinde **Illerkirchberg**.

Dort drängt sich eine kleine Zugabe auf, bergan zum Fuggerschloss im Oberdorf. Der Privatbesitz des Grafen Thun-Hohenstein besteht aus mehreren zusammenhängenden Gebäuden in einem nahezu geschlossenen Geviert und einem geräumigen Schlosshof. Das Tor, an das unmittelbar ein Kirchlein anschließt, zeigt ein hübsches Wappen. Leider kann das Bauwerk nur von außen besichtigt werden.

Übers bäuerliche Hügelland

Wir halten uns im Unterdorf erst Richtung Polizei und wählen gleich darauf die Mündelstraße. Auf der Bucherstraße queren wir die Dietenheimer Straße und rollen im Ortsteil Oberkirchberg kurz talwärts. Gemütlich strampeln wir auf einem verkehrsfreien Sträßchen oberhalb des sanft ausgeprägten Tales der Weihung über Wiesen und Felder an Essendorf vorbei nach **Steinberg,** einem Filialort von Staig.

Dort sausen die Drahtesel auf der Bergstraße an der Sankt-Pankratius-Kirche mit zinnengeschmücktem Satteldach flott bergab zur Weihungbrücke. Anschließend steht man in **Staig** staunend vor der eigenwilligen Kombination der mächtigen, kräftig roten Backsteinkirche mit dem strahlend weißen Turm. Aber Geschmäcker sind nun mal bekanntlich verschieden, und es

Wappen des Fuggerschlosses von Illerkirchberg

Illerrieden

133

Am Vöhringer Werkskanal

muss ja auch nicht unbedingt jeder sakrale Bau im einheitlichen Gewand erscheinen.

Auf mäßig befahrener Landstraße treten wir jetzt leicht bergauf nach **Weinstetten**. Reichenbach heißt der uns begleitende Weihungzufluss. Man rauscht in dem Staiger Ortsteil die Bachstraße hinunter und gelangt nach kleinem Gegenanstieg auf einem Radweg, Bestandteil der Pedalroute 13 des Alb-Donau-Kreises, zügig ins landwirtschaftlich geprägte **Schnürpflingen**.

Richtung Beuren lenkend, ist am Ortsende auf einem Wirtschaftssträßchen am Steinenbach ein Abstecher zu einem Badeweiher möglich, wo man auch einen reizvollen Rastplatz vorfindet. Die ein Stück dahinter im Großen Achstetter Holz versteckte Keltenschanze ist leider schwer aufzufinden, da die in der Wanderkarte eingezeichnete direkte Wegverbindung nicht mehr existiert.

Ein Radweg verläuft nun neben der Kreisstraße zum Schnürpflinger Weiler Beuren. Dort wechseln wir abermals das Ufer der Weihung. Die ruhige Straße leitet uns nach einer deutlichen Auffahrt durch ein Waldgebiet hinunter nach **Illerrieden**, wo am oberen Ortsrand die katholische Pfarrkirche Sankt Agathe ins Auge sticht.

Ein Radweg verbindet das Dorf über die Illerbrücke mit **Vöhringen**. Sicher haben wir noch ein wenig Zeit, uns in der zwar modernen, aber dennoch ein paar nette Ecken aufweisenden Stadt umzusehen. Hübsch ist es etwa um die Sankt-Martins-Kirche, an der gelassen der Mühlbach vorbeiströmt, oder am Werkskanal im südlichen Ortsbereich.

Ein recht individuelles Gesicht zeigt die Kirche von Staig.

Tourensteckbrlef

Vöhringen – Illerkirchberg (9 km) – Steinberg (4 km) – Staig (1 km) – Weinstetten (2 km) – Schnürpflingen (3 km) – Illerrieden (5 km) – Vöhringen (3 km).

Ausgangsort: Vöhringen, Bahnhof (499 m, Parkplatz), Zug von Ulm.
Routenlänge: 27 Kilometer.
Fahrzeit: 2 1/4 Stunden.
Höhenunterschied: 140 Meter.
Straßen und Wege: Wenig befahrene Straßen, Wirtschafts- und Radwege, kurzes Stück auf einem Waldweg. Kurze, mitunter deutliche Steigungen.
Für Kinder geeignet: Ja.
Auch als Wanderung zu empfehlen: Nein.
Karte: Wanderkarte des Landesvermessungsamtes Baden-Württemberg, Blatt 19 »Ulm – Blaubeuren«, Maßstab 1 : 50 000.

Das neue Gesicht der Iller bei Dietenheim

Unmittelbares Naturerlebnis am bayerischen Grenzfluss

Das früher manchmal ein bisschen monotone Auwaldwandern entlang der Iller ist seit den durchgeführten Renaturierungsmaßnahmen wieder ein besonderes Erlebnis. Man hat in Sachen Begradigung, Tieferlegung und Uferbefestigung nicht nur umgedacht, geplant und gebaut. Nein, man möchte Theorie und Praxis sowie den bereits sich abzeichnenden Erfolg neuzeitlicher Flussbaukunst auch für die Bevölkerung verständlicher machen. Dazu wurden beispielsweise bei Au, auf der Höhe des württembergischen Ortes Reggisweiler, Schautafeln aufgestellt. Diese verdeutlichen – mit direktem Bezug zur Umgebung – manches, was dem Laien sonst nicht so ohne weiteres verständlich geworden wäre.

Das oberschwäbische Städtchen Dietenheim

Doch bevor wir der in Oberstdorf gebürtigen Wasserader südwärts folgen, wollen wir vom Städtchen Dietenheim aus auf dem »Hauptwanderweg 4« des Schwäbischen Albvereins erst mal die Illerterrasse ein wenig erkunden. Der bis auf eine kleine Pfadeinlage komfortable Routenverlauf, meist durch Wald, reiht diesen leichten Ausflug unter die ganzjährig durchführbaren Unternehmungen ein.

Zur Ruine Altenberg

Im Städtchen **Dietenheim** steht noch ein ehemaliges Schloss der

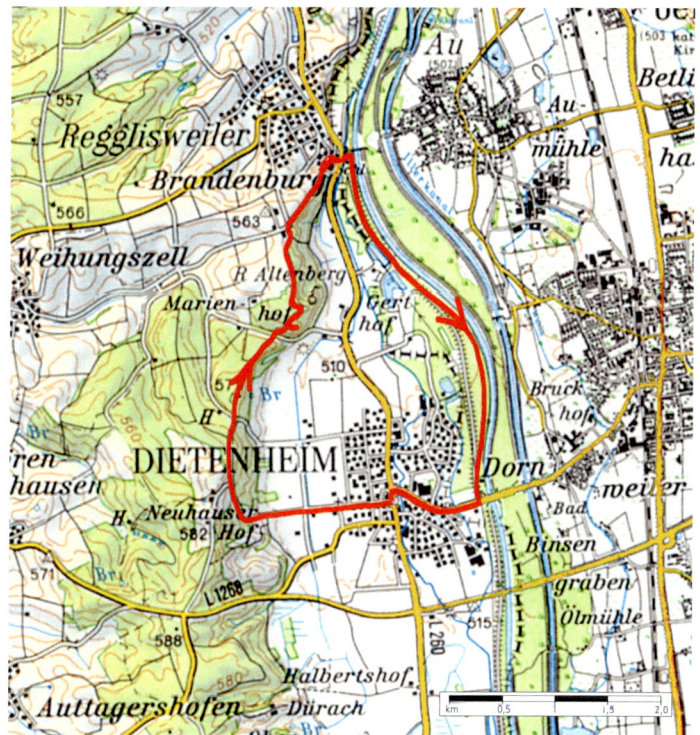

Fugger. Sehenswert ist auch die katholische Martinskirche im Stil der Renaissance mit dem von Franz Adam Fugger gestifteten Heilig-Grab-Tuch aus dem Jahre 1727. Auffallend sind die zwei sechseckigen Miniaturtürmchen, die das Dach des hohen Giebelturms schmücken.

Wir gehen von der Bushaltestelle in der nach Illertissen führenden Straße zur Kirche und folgen dem Gehsteig der Kirchstraße. Am Stadtrand finden wir ein verkehrsfreies Sträßchen vor, das uns zur

Kapelle »S' Herrgöttle« mit der Schatten spendenden Lindengruppe bringt.

Anschließend auf der Neuhauser Steige bergan spazierend stoßen wir auf den »Hauptwanderweg 4«. Bald leitet uns ein erholsamer Forstweg in sanftem Auf und Ab über einen parallel zum Illertal verlaufenden Waldhöhenzug. Diese Route ist auch mit der Nummer 7 bezeichnet. Was für eine herrliche Einsamkeit im Vergleich zur nahezu waldlosen bayerischen Illerseite mit

Illertal am Dorfrand von Regglisweiler

der A 7, der Hauptbahnlinie, den Starkstromleitungen und der dichten Besiedlung.

Kurz nach einer Kreuzung achtet man bei der Forstabteilung »Alter Berg« auf das rote Balkenzeichen und zweigt auf einen Pfad ab. An einer Schanzenanlage unbekannter Herkunft, auf die ein Hinweisschild aufmerksam macht, führt ein kleiner Abstecher zum Burgstall der ehemaligen **Ruine Altenberg**, die auf der Wanderkarte übrigens zu weit nördlich eingezeichnet ist. Zwischen hochstämmigen Buchen zeichnen sich noch deutliche Wälle und Gräben ab.

Ganz selbstverständlich hat uns dieses lauschige Plätzchen dazu verleitet, eine kleine Pause einzulegen und zurückzusinnen in jene Zeit, in der hier vom Burggemäuer aus noch ein freier Ausblick über das weite Illertal möglich war.

Die Alternativroute mündet später wieder in den bekannten Forstweg. Am Kinderspiel- und Bolzplatz Halde nehmen wir den geteerten Wirtschaftsweg an einer Reithalle vorbei zum Exerzitienhaus Kloster Brandenburg im Erholungsort **Regglisweiler**.

Wo der Schwarze Milan horstet

Das Schild »Dietenheim« weist uns talwärts. Unterhalb einer mit blauem Punkt markierten Treppe begeben wir uns über die Gießenbachbrücke zur Iller, die hier – wie in ihrem weiteren Verlauf zumeist auch – ganz zu Bayern gehört.

Jenseits der Brücke erläutern Schautafeln die Sanierungsschritte zwischen Dietenheim und Bellenberg. Diese waren fällig geworden wegen der rasanten Eintiefung des Flussbettes – eine Folge früherer Begradigungsmaßnahmen. Nur so kann eine weitere Tiefenerosion verhindert werden, der wertvolle Auwald erhalten und aktiv bleiben sowie der Grundwasserspiegel wieder ansteigen.

Durch das Auflösen der monotonen Uferlinie wird die biologische Stabilität der Lebensgemeinschaften im Fluss verbessert. Bislang begleiteten im wesentlichen Hartholzauen die Illerufer. Durch ständige Aus-

leitungen und regelmäßige Hochwasserüberflutungen soll sich örtlich wieder echter Auwald entwickeln können: mit Magerrasen, Weichholzauen, Tümpeln und Altwasserarmen. Unter anderem horstet hier noch der Schwarze Milan.

Mit diesem Wissen wird manches für uns transparenter. Der Rückweg gewinnt so an Bedeutung. Wir folgen nun auf dem Ufer-Wirtschaftsweg durch die Au-Gehölze dem weiß-blauen Punkt. Ein fernab des Verkehrs fortwährend überaus entspannendes Dahinschlendern am vertrauten Fließgewässer, ohne jegliche Anstrengung.

Unterwegs lädt eine Kiesbank zur näheren Kontaktaufnahme mit dem Allgäuer Alpenfluss. Vespern,

Sonnige Kiesbänke laden am Uferweg zum Faulenzen.

Der Alpenfluss als moderner Künstler

die müden Füße ins erquickende Nass strecken, flache Bachsteine auf den Fluten tanzen lassen oder einfach ein bisschen sonnen. Jeder, wie er es am liebsten mag. Und ehe man sich's versieht, ist man wieder in **Dietenheim** gelandet.

Gleich gegenüber: Illertissen

Die Kürze der Wanderung macht es möglich, sich anschließend noch ein wenig in der nahen bayerischen Stadt Illertissen mit dem weithin berühmten Freizeitbad Nautilla ein wenig umzusehen. Schon 954 als »Oppidum Tussa« erwähnt, ist Illertissen heute Mittelpunkt zwischen Ulm und dem Allgäu.

Eine Besonderheit unter den Museen der Umgebung ist das dortige Bienenmuseum im Vöhlinschloss. Es zeigt unter anderem eine Sammlung von rund 300 Grafiken und Stichen des Senators Dr. Karl August Forster, der das Museum ins Leben gerufen hat. Er entwickelte bereits 1930 ein Arzneimittel aus Bienengift, mit dem insbesondere rheumatische Beschwerden behandelt werden.

Im selben Gebäude ist auch das Heimatmuseum untergebracht. Dort kann man sich beispielsweise über die Vor- und Frühgeschichte dieser Region, die Geschichte der Herrschaft Illertissen, die Stadtgeschichte sowie die Entwicklung von Handwerk und Landwirtschaft informieren.

Das Illertisser Schloss setzt sich aus dem Vorderen und Hinteren Schloss zusammen. Das Vordere Schloss wechselte Anfang des 16. Jahrhunderts vom ausgestorbenen Geschlecht der Grafen von Kirchberg an die Memminger Patrizierfamilie Vöhlin. Diese nahm eine bedeutende Umgestaltung vor und errichtete zusätzlich das Hintere Schloss, das bereits zwanzig Jahre nach seiner Vollendung vollständig niederbrannte. Im Stil der Ulmer Patrizierhäuser wurde es wieder aufgebaut. So gelang als Kombination mit dem ebenfalls komplett neu entstandenen Vorderen Schloss, dem Französischen Bau, den Arkaden und dem Torturm ein ansehnliches Gesamtbild. Auch die geschmackvoll ausgestattete Kapelle erfuhr eine dreimalige Veränderung.

Die stolze Stadtpfarrkirche Sankt Martin besitzt einen überwältigenden mehrgeschossigen Hochaltar, der aus dem Jahr 1604 stammt. Auch das Rathaus und die ehrwürdige Schranne beispielsweise lohnen einen Blick.

Tourensteckbrief

Dietenheim (513 m) – Ruine Altenberg (570 m) – Regglisweiler (505 m) – Dietenheim (513 m).

Ausgangsort: Dietenheim, Bushaltestelle in der nach Illertissen führenden Straße (Parkplatz), Busverbindung mit Illertissen (Zug von Ulm).
Routenlänge: 11 Kilometer.
Gehzeit: 3 Stunden.
Höhenunterschied: 60 Meter.
Wege: Meist gut bezeichnete Forst- und Wirtschaftswege, kurze Abschnitte auf Pfaden und verkehrsfreien Sträßchen. Kaum nennenswerte Anstiege.
Für Kinder geeignet: Ja.
Auch als Radtour zu empfehlen: Ja, aber kleine Umfahrungen bei der Ruine Altenberg und in Regglisweiler erforderlich.
Einkehrmöglichkeit: Regglisweiler.
Karte: Wanderkarte des Landesvermessungsamtes Baden-Württemberg, Blatt 21 »Biberach – Ochsenhausen«, Maßstab 1 : 50 000.

Bubesheimer Wald und Autenrieder Wald

Radlerfreuden im Leipheimer Süden

Geht man von Neu-Ulm in Donaunähe auf die Suche nach einem einladenden bayerischen Radwandergebiet, stößt man, abgesehen von der Holzheimer Gegend im Bereich der A 7, erst zwischen Nersingen und Leipheim auf ausgedehntere landschaftliche Konturen. Hier streben die Roth, die Biber und der Osterbach der Donau entgegen. Lockende Waldeshöhen bauen sich über den freundlichen Wiesentälern auf. Meist nur kleine Dorfflecken malen rote Tupfer ins wellige Umland.

Eine besondere räumliche Lebendigkeit findet man in der Gemeinde Bibertal vor. Vor allem westseitig ausgeprägte Talhänge und kleine Seitentäler verleihen dieser Region ihren Reiz. Da unser schlankes Tourenoval zwischen Leipheim und Balmertshofen nicht als Radroute ausgeschildert ist, verlangt es gelegentlich ein wenig Spürsinn. Dies ist aber auch die einzige Anforderung.

Leipheim an der Donau

Schmucke Donaustadt

Leipheim wurde 1328 von den Güssen von Güssenberg befestigt und bereits zwei Jahre später durch Kaiser Ludwig den Bayern zur

Stadt erhoben. Burg und Stadt gehörten allerdings bis 1803 zu Ulm. Da die Münsterstadt dem bedeutsamen Webergewerbe Leipheims als Konkurrenz stark zusetzte, erhob sich 1525 im Bauernkrieg der »Leipheimer Haufen«, der jedoch eine verlustreiche Niederlage erleiden musste.

Als Erstes beeindruckt uns, vom nahe der Donau gelegenen Bahnhof kommend, das ansprechende Schloss. Das Güssenschloss aus dem 16. Jahrhundert mit ehemaliger Vorburg und Befestigungsring beherbergt ein Bauernkriegsmuseum mit einer beachtlichen Jagdsammlung. Des Weiteren findet man hier das erst 1980 gegründete Heimatmuseum. Dieses zeigt eine heimatkundliche und stadtgeschichtliche Sammlung mit den Schwerpunkten Torfwirtschaft und Leipheimer Handwerk.

Auf der anderen Straßenseite steht die evangelische Pfarrkirche Sankt Veit, eine gotische Pfeilerbasilika mit stattlichem Satteldachturm. Bei Restaurierungsarbeiten kamen 1954 prächtige Deckengemälde zum Vorschein. In der Marktstraße kommt man bald zu dem einfallsreichen Marktbrunnen, der auf die bedeutendsten historischen Ereignisse der Stadt aufmerksam macht. Beachtung verdient in Leipheim auch die weitgehend erhaltene, teilweise überbaute Stadtmauer.

An der ersten abknickenden Vorfahrt halten wir uns geradeaus und kommen danach in die Stein-

gasse. Weiter geht es auf der ansteigenden Römerstraße, am Stadtrand rechts auf der Schleifstraße und im

Hoch thront das Schloss von Leipheim.

weiteren Verlauf auf einem Radweg.

Keine Steigung in Sicht

Um den militärischen Sicherheitsbereich herum gelangen wir zum Landgasthof Waldvogel. Dort leitet uns ein Wirtschaftsweg durch eine Autobahnröhre und rechts in einem Bogen an den »Schwäbischen Baumschulen« vorbei. An der Gabelung beim Waldbeginn entscheiden wir uns für den rechten Forstweg. Auf beschwingter Fahrt lässt sich in vollen Zügen die Einsamkeit des Bubesheimer Waldes genießen.

Der Wanderwegweiser »R 49 Abkürzung« zeigt uns die Richtung auf einem Querweg. Wir passieren zwei kleine Feuchtbiotope und steuern um eine beachtliche Windwurffläche herum. Eine verträumte Strampelei. Zuletzt führt uns ein Radweg an einer dicken, unter Denkmalschutz stehenden Linde vorbei nach **Kissendorf**.

Die Beschilderungen »Günzburg« und »Weißenhorn« weisen uns den Weiterweg. Am schlanken Kirchturm biegen wir zum Ortsteil **Anhofen** ab. Dort nehmen wir unter der kleinen Spitzturmkirche den Mittelweg und an der Verzweigung am Dorfrand geradeaus einen Wirtschaftsweg. Nach wie vor nur flache Rollbahnen, nirgends eine Steigung in Sicht.

An einer Straßenquerung entführt uns das nach Autenried beschilderte Natursträßchen in den Autenrieder Wald. An einem idyllischen Rastplatz mit winzigem Teich und einem Efeugewächs, das die Tafel der heiligen 14 Nothelfer ziert, kommt man nicht ohne Halt vorbei. Bei einem modernen Flurkreuz lenkt man rechts auf einen Forstweg und an der nächsten Kreuzung geradeaus. An einem weiteren Teich fährt man links, an der Gabelung auf einer Kuppe rechts bergab und, wo Häuser in Sicht kommen, auf einem Feldweg zum Weiler **Balmertshofen**, der zur Marktgemeinde Pfaffenhofen an der Roth gehört.

Durchs Tal des Osterbachs

Nach der Osterbachbrücke schwenkt unser Kurs nach Norden ab, Richtung Ettlishofen. Am Ortsende fällt ein mit Birken bestockter Burghügel auf. Zu sehen ist von der ehemaligen Ruine allerdings nichts mehr. Auf verkehrsarmer, zügiger Straße pedalieren wir durchs Tal des Osterbachs zum Bibertaler Weiler Hetschwang und weiter nach **Ettlishofen**, wo am Dorfeingang ein schönes Fachwerkhaus zu sehen ist.

Das Ortsende ziert eine denkmalgeschützte Lindengruppe mit Andachtshäuschen und steinernem Sühnekreuz. Kurz darauf queren wir eine Vorfahrtsstraße und treffen in **Silheim** ein. Beim alten Fachwerk-Wirtshaus rollen die Räder auf dem Postweg nahe der Einmündung in die Biber über den Osterbach.

Nach einer kleinen Steigung, noch vor Kissendorf, entscheiden wir uns für den links abbiegenden

Fachwerkhaus in Ettlishofen, Gemeinde Bibertal

Wirtschaftsweg. In **Bühl**, das noch zur Gemeinde Bibertal gehört, richten wir uns in der Ortsmitte nach dem Wegweiser »Leipheim«. Schon taucht das nächste Dörfchen auf: **Echlishausen**. Auffallend ist hier die ziegelrote katholische Kirche Sankt Leonhard mit ihrem spitzen Turm. Ein Radweg bringt uns, nachdem wir die B 10 gequert haben, durch ein Wäldchen zurück nach **Leipheim**.

*Die auffallende
Echlishausener Kirche*

Tourensteckbrief

Leipheim – Kissendorf (8 km) – Anhofen (2 km) – Balmertshofen (6 km) – Ettlishofen (3 km) – Silheim (2 km) – Bühl (3 km) – Echlishausen (1 km) – Leipheim (5 km).

Ausgangsort: Leipheim, Bahnhof (450 m, Parkplatz), Zug von Ulm.
Routenlänge: 30 Kilometer.
Fahrzeit: 2 1/2 Stunden.
Höhenunterschied: 90 Meter.
Straßen und Wege: Forst-, Wirtschafts- und Radwege, verkehrsarme Nebenstraßen. Kurze Steigungen. Orientierungssinn vorteilhaft.
Für Kinder geeignet: Ja.
Auch als Wanderung zu empfehlen: Nein.
Karte: Wanderkarte des Landesvermessungsamtes Baden-Württemberg, Blatt 19 »Ulm – Blaubeuren«, Maßstab 1 : 50 000.

Vom Roggenburger Weiher zur Wannen-kapelle

Mittelschwäbische Spritztour beiderseits des Bibertals

Roggenburg ist nicht nur wegen seines bedeutenden Klosters besuchenswert. Auch die Landschaft zwischen Weißenhorn und Krumbach kann sich durchaus sehen lassen. Diese mittelschwäbische Region ist außerordentlich waldreich und lange nicht mehr so »schottereben« wie sonst überwiegend die Gegend südöstlich von Ulm. Die Biber und der Osterbach zeichnen mit bescheidenen Dörfern zwei Längsfurchen in die fruchtbaren Felder und Wiesen. Eine beachtliche Anzahl kleiner und größerer Weiher setzen weitere Akzente. Sympathisch ländlich ist es hier. Ideal zum Wandern.

Die rührigen Roggenburger haben deshalb den kurzweiligen Weiherweg ausgeschildert. Diesen geruhsamen Spazierkurs wollen wir uns vornehmen. Um auch noch ausgiebig Waldluft schnuppern zu können, bereichern wir das Bibertal-Erlebnis allerdings mit einem kleinen Abstecher auf den Schwäbisch-Allgäuer Wanderweg.

Vom Bildungszentrum zu einem himmlischen Badeplatz

Das vermutlich an der Stelle eines frühmittelalterlichen Adelssitzes er-

Bayerisch-Schwäbische Idylle am Ortsrand von Roggenburg

orientierte Bildungsarbeit geleistet wird. Fachinstitutionen und Verbände wie etwa der Bund Naturschutz, der Landesbund für Vogelschutz, die Forstdirektion Schwaben oder der Allgäu-Schwäbische Musikbund und der Schwäbische Sängerbund wirken in den einzelnen Projekten zusammen.

Wahrzeichen des Ortes sind die beiden Zwiebelhauben der lebendig gestaffelten katholischen Pfarr- und Klosterkirche Mariä Himmelfahrt mit ihren Walm- und Satteldächern. Sie ist eine der stilreinsten schwäbischen Rokoko-Kirchen. Ihr Inneres ist reich an Stuckaturen und Malereien, beeindruckend sind der Hochaltar und die sechs großen Nebenaltäre. Der prachtvolle, weißgoldene Rokoko-Orgelprospekt gilt als einer der schönsten seiner Art im süddeutschen Raum.

Das Bildungszentrum ist durch das Obere Tor zugänglich. Südlich des Eingangs steht der »Wald-Pavillon« der Bayerischen Staatsforstver-

baute Prämonstratenser-Kloster **Roggenburg** nennt sich heute auch »Zentrum für Familie, Umwelt und Kultur«. Im Jahr 1126 gegründet, wuchs das von Abt Georg Lienhardt erbaute, vierflügelige Reichsstift rasch zu einem geistlichen, prägenden Zentrum der Region. 34 Jahre, von 1732 bis 1766, dauerte die Errichtung des monumentalen, barocken Gebäudes. 1802 wurde das Kloster aufgehoben und das Gebäude diente in der Folgezeit dem königlich-bayerischen Landgericht. Doch im Jahr 1982 wurde das Klostergebäude vom Prämonstratenser-Orden neu belebt und Ende der neunziger Jahre entwickelte sich das Bildungszentrum mit Seminar- und Fachräumen, in dem zukunfts-

Kloster Roggenburg: Zentrum für Familie, Umwelt und Kultur

waltung. Darin finden sich eine gelungene Foto-Ausstellung über die verschiedensten Bedeutungen und Funktionen des Waldes, ein präparierter Biber sowie das bedienbare Modell einer Holzverarbeitungsmaschine. Gegenüber der Hauptstraße steht das aus dem Amtshaus des Reichsstiftes hervorgegangene Schloss des Grafen von Mirbach-Geldern-Egmont.

Von der Raiffeisenbank kommend passieren wir auf der Hauptstraße in östlicher Richtung die Sparkasse. Weiter geht's auf dem Abt-Lienhardt-Weg und dem Abt-Aigler-Weg. Am Ortsende leitet ein Forstweg bergab durch den Klosterwald. Ein ganz kurzer Pfad entführt uns zu einem versteckten Badesteg mit Rastbank an dem von der jungen Biber gespeisten **Roggenburger Weiher**. Das Ostufer ist dicht bewaldet, während das Gegenufer von einer Schilfzone gesäumt ist. Ein wahrhaft märchenhaftes Plätzchen, das man sich merken muss. Ob zum Schwimmen, Faulenzen oder Studieren. Eigentlich sollte es gar nicht verraten werden.

Der Roggenburger Weiher wartet mit einem versteckten Badeplätzchen auf.

Auf dem Schwäbisch-Allgäuer Wanderweg

Wer die Geselligkeit vorzieht, der spaziert gleich weiter zum Cafe am See im winzigen Ortsteil **Klostermühle**. Nach einem kurzen Natursträßchen queren wir die Straße Meßhofen – Biberach und lassen uns vom Wegweiser »Weiherweg

Roggenburg« den weiteren Kurs zeigen.

Ein Wirtschaftsweg führt uns an stimmungsvollen Fischweihern vorbei. Die Stürzenweiher werfen uns wiederholt aus dem Gehrhythmus. Was soll's, wir haben ja nicht die Parkuhr gestellt. Lauschen und ungestört beobachten. Libellen, Schmetterlinge, Käfer, Bienen und Hummeln geben sich in dem wilden Uferbewuchs ein buntes Stelldichein. Das vielstimmige Froschkonzert verstummt allerdings – wie durch den Taktstock eines Dirigenten –, wenn wir zu rasch näher treten.

An der anschließenden Gabelung verlässt man den Weiher-

Im Bibertal führt die Wanderung an den Stürzenweihern vorbei.

Auf einem Sträßchen schreiten wir nun hinunter zum Roggenburger Weiler **Meßhofen,** wo nochmals ein Wirtshaus Erfrischung bietet. Nach Überqueren der Biber passieren wir die barock umgewandelte katholische Filialkirche Sankt Cosmas und Damian mit spätgotischem Kern. Danach bringt uns ein wieder mit »Weiherweg« beschilderter stiller Anstieg zu einem mit Ahornbäumen umkränzten Grillplatz. Über eine Anhöhe geht es schließlich gemütlich zurück nach **Roggenburg**.

weg. Mit hübschem Rückblick zum schmucken Turmpaar des Klosters schlendert man an einem Maisfeld kaum wahrnehmbar bergan, einem erfrischenden Waldflecken entgegen. Bei einem Forstschuppen kommt man zu einer Kreuzung. Hier stößt man auf das blaue Kreuz des Schwäbisch-Allgäuer Wanderwegs, der von Augsburg nach Sonthofen führt.

Ein vorbildlich markierter flacher Waldweg biegt um ein paar Ecken, dann ist nach einer kleinen Steigung die so genannte **Wannenkapelle** erreicht. Auf dem gleichnamigen, unscheinbaren Berg befindet sich auch ein Kreuzweg-Stationen-Ring. Der Roggenburger Abt Adalbert Rauscher ließ hier zum Gedenken an die Errettung seines Vorgängers Franz Doser 1633 vor den Schweden eine erste Kapelle errichten. 1845 wurde das Gotteshaus zur katholischen Wallfahrtskirche Mariahilf erweitert.

Am Nordrand des Roggenburger Weihers lädt ein Wirtshaus zur Einkehr.

Tourensteckbrief

Roggenburg (548 m) – Klostermühle (505 m) – Wannenkapelle (545 m) – Meßhofen (522 m) – Roggenburg (548 m).

Ausgangsort: Roggenburg, Bushaltestelle an der Raiffeisenbank (Parkplatz), Busverbindung mit Ulm.

Routenlänge: 8 Kilometer.

Gehzeit: 2 1/4 Stunden.

Höhenunterschied: 110 Meter.

Wege: Ausreichend bezeichnete Forst-, Wald- und Wirtschaftswege, verkehrsfreie Sträßchen und kurzer Pfad. Harmlose Anstiege.

Für Kinder geeignet: Ja.

Auch als Radtour zu empfehlen: Ja.

Einkehrmöglichkeiten: Klostermühle, Meßhofen.

Karte: Topographische Karte des Bayerischen Landesvermessungs- amtes, Blatt 7726 »Neu-Ulm«, Maßstab 1 : 50 000.

Kloster Roggenburg

Zentrum für Familie
Umwelt und Kultur

Bildung schafft Zukunft

Klosterstraße 3
89297 Roggenburg

Tel.: 0 73 00 / 96 11 - 0
Fax: 0 73 00 / 96 11 - 11

www.kloster-roggenburg.de
zentrum@kloster-roggenburg.de

- Familien-Umwelt-Nachmittage

- Familienbildung / Familienferien
- Umweltbildung
- Öko-Schullandheim

- Tagungen / Seminare
- Kulturprogramm
- Roggenburger Sommer

Bildung

Zwischen Krumbach und Ichenhausen

Günztal-Radweg mit Alternativen

Schwäbisch-Bayerische Hochebene ist ein nicht ganz glücklich gewählter Name für das gesamte nördliche Alpenvorland mit seinem überwiegend bewegten Landschaftsprofil. Nicht mal auf einer Radtour durch das Günztal bewährt sich der verallgemeinernde Begriff, obwohl dieses Urstromtal eine beachtliche Breite aufweist. Die begrenzenden, meist rund 50 Meter hoch aufragenden Deckenschotter-Riedel, wie die zwischen den Talwannen parallel verlaufenden Höhenzüge hier genannt werden, liegen im Durchschnitt immerhin etwa sieben Kilometer auseinander. Schwäbisch-Bayerisches Hügelland wäre demnach treffender.

Für Radwanderer mit wenig sportlichen Ambitionen, für Familien und Senioren ist der Günztal-Radweg, dem wir von Deisenhausen bis hinauf nach Ichenhausen folgen wollen, genau das Richtige. Die zahlreichen

Ichenhausen im Günztal

Genusskilometer zu beiden Seiten des Flusses lassen sich beinahe im Ruhepuls abspulen. Autos begegnen einem auf den zwischen Radwegen und landwirtschaftlichen Rollbahnen eingeschalteten Straßenabschnitten nur selten. Dies gilt auch auf der für den Rückweg vorgeschlagenen Alternativroute des Günztal-Radwegs, die uns noch den riesigen Unterroggenburger Wald und das Vogelreservat des Oberegger Stausees ein wenig kennen lernen lässt.

Kurs Nord

Die freundliche mittelschwäbische Stadt **Krumbach**, von der Kammel durchflossen, war vor der Gebietsreform Kreisstadt und ist auch heute noch wirtschaftliche und kulturelle Metropole im südlichen Landkreis Günzburg. Sehenswert sind vor allem die Decken- und Emporengemälde der barocken Stadtpfarrkirche Sankt Michael und ihr farblich adretter Turm, das mit Zinnengiebeln geschmückte Renaissance-Schloss gleich daneben, die Fachwerkfassade des Rathauses und der einstige Gasthof Zum Kreuz am Marktplatz.

Wir steuern vom Bahnhof kurz Richtung Memmingen und strampeln erst mal hinüber nach **Deisenhausen**, wobei uns die anfängliche Steigung des am Stadtrand beginnenden Radwegs deutlich spüren lässt, dass das Unterland nicht überall »brettleben« ist, wie der Bayer sagt. Die hübsche Rokoko-Kir-

Stoffenried besitzt einen reizvollen Dorfweiher.

che Sankt Stephan beherbergt hervorragende Malereien.

Vor der Günzbrücke weist das Täfelchen »Radwanderweg 9« auf ein kaum befahrenes Sträßchen. Durch das geräumige Flusstal rollen die Räder zum Deisenhausener Ortsteil **Oberbleichen**. Am leuchtenden Satteldachturm der Kirche

Sankt Zeno vorbei geht's ins benachbarte **Unterbleichen** mit seinem eindrucksvollen Kirchenschiff Mariä Himmelfahrt. Den Turm krönt ein Pyramidenhelm.

Der nach Wattenweiler ausgeschilderte Radweg begleitet nun ein Stück die B 16. Noch vor Höslhurst führt eine Straße zurück zur Günz, die leider meistens einen begradigten Lauf zeigt. Auf einem Feldweg, später einem breiteren Wirtschaftsweg sausen wir, eine Querstraße kreuzend, stetig nordwärts übers Ackerland. Bei ein paar Pferdekoppeln lenken wir über die Günzbrücke zum Neuburger Gemeindeteil **Wattenweiler**.

Das Dorf lassen wir gleich rechts liegen und orientieren uns auf einem verkehrsfreien Sträßchen an der immer zuverlässigen Radwanderweg-Beschilderung. **Ellzee** heißt das nächste Dorf. Die Pfarrkirche Sankt Katharina präsentiert einen oktogonalen Turmaufbau mit Schweifhelm.

Erneut finden wir einen parallel zur Bundesstraße verlaufenden Radweg vor. Im Waldstetter Weiler Heubelsburg steht auf dem mittelalterlichen Turmhügel des ehemaligen Burgstalls die Kapelle Sankt Anna. Bald darauf ist das früher in zwei

Die Kreisheimatstube in Stoffenried

selbständige, untereinander nicht sonderlich wohl gesonnene Herrschaften aufgeteilte **Ichenhausen** erreicht.

Eine Schule wie vor achtzig Jahren

Berühmtheit hat das Schulmuseum im Unteren Schloss erlangt, das auch als Stätte der wissenschaftlichen Arbeit und Forschung genutzt wird. Es informiert beispielhaft über die abendländisch-mediterrane Schulgeschichte in Bezug zur kulturellen Entwicklung von den frühesten menschlichen Unterweisungen bis hin zur Gegenwartsschule des Computer-Zeitalters. Eine Besonderheit des als Zweigmuseum des Bayerischen Nationalmuseums eingerichteten Hauses ist das Angebot »Schule wie vor 80 Jahren«. Dort können Schüler eine Unterrichtsstunde aus der »guten alten Zeit« erleben.

Im vormaligen Oberen Schloss ist heute das Rathaus von Ichenhausen untergebracht. Die ehemalige Synagoge, während der nationalsozialistischen Zeit als Lager, später als Feuerwehrhaus genutzt, dient heute als Haus der Begegnung. Eine Dauerausstellung zum Thema »Juden auf dem Lande« informiert über die Geschichte des jüdischen Ichenhausens: der Ort hatte sich ab 1540 zu einer der größten jüdischen Landgemeinden Süddeutschlands entwickelt.

Feuchtbiotope bereichern die Fahrt durch den Unterroggenburger Forst.

Die Pfarrkirche Sankt Johannes Baptist wurde 1964 durch den Einsturz des Turmes zum großen Teil zerstört und in den folgenden drei Jahren neu errichtet. Unter den meist relativ nüchternen Gebäuden der Stadt fällt am Schlossplatz besonders der Fachwerkbau des so genannten Roßkammhauses auf, das früher als Vogthaus diente. Auch das Rathaus mit seinen zwei schmucken Zwiebeltürmchen und der alte Fachwerkbau des Brauereigasthofs Zum Adlerwirt stechen hervor.

Route der Froschkonzerte

Nach einer verdienten Einkehr radeln wir ein kleines Stück zurück und nehmen, abermals die Günz querend, den Radweg nahe des Waldstetter Günzstausees nach **Waldstetten**. Am Ortsbeginn lenkt uns das Schild »Günztal-Radweg« auf eine alternative Pedalroute, auf der wir am Spitzhelmturm der neuromanischen Pfarrkirche Sankt Martin vorbeikommen. In dem Marktflecken steht noch das ehemalige Schloss der Herren von Rechberg.

Auf verkehrsarmer Straße kurbelt man sanft bergan und gelangt auf einer Terrasse oberhalb von **Hausen**, einem Ortsteil von Ellzee, nach **Stoffenried**. Das blitzsaubere Dorf gehört ebenfalls zur Gemeinde Ellzee. Hier fällt das von einem Walmdach gedeckte ehemalige Amtshaus des Klosters Elchingen mit seinen hübschen Fassadenmalereien ins Auge.

Beim idyllischen Dorfweiher ist jeden zweiten und vierten Sonntag

Mittelschwäbische Waldesruhe

im Monat die Kreisheimatstube mit historischer Hausbrauerei geöffnet. Je nach Jahreszeit wechseln hier Aktivitäten und Vorführungen: Es gibt den »naturtrüben« Ausschank mit musikalischer Untermalung, man kann beim Kraut einhobeln und einstampfen oder beim Dreschen mit dem Dreschflegel zuschauen. An anderen Tagen wird geklöppelt oder es werden Seegrasschuhe hergestellt.

Man schlägt die Weiherstraße ein und verschwindet schon bald auf einem Natursträßchen im ausgedehnten Unterroggenburger Wald. Auch hier rollen die Reifen fast von allein. Die gelegentlich auftauchenden Feuchtbiotope kann man wegen ihrer lautstarken Froschkonzerte nicht verpassen. Orientierungsschwierigkeiten gibt es keine,

man hält sich einfach schnurstracks geradeaus wie auf einem kanadischen Highway.

An der Kreuzung mit einer kleinen Andachtsstätte halten wir auf den bereits sichtbaren Zwiebelturm der Sankt-Blasius-Kirche von **Oberwiesenbach** zu. Dort wählen wir die kurz bergan führende Straße und kommen zu den Häusern von **Oberegg**. Richtung Unterbleichen radelnd, dirigiert uns nach einer Bachbrücke der Wegweiser des Günztal-Radwegs wieder auf den eigentlichen Fernradweg. Ein stilles Sträßchen begleitet jetzt das Ostufer des großen Oberegger Günz-Stausees.

Dieses Landschaftsschutzgebiet stellt ein bedeutendes Wasservogel-Reservat dar. Unter anderem kommen hier Singschwäne und Höcker-

157

schwäne, Purpur- und Nachtreiher, Lappentaucher und Rohrdommeln vor. In **Deisenhausen** schlagen wir den bekannten Kurs nach **Krumbach** ein.

Wer es nicht lassen kann, der mag zuvor dem liebgewonnenen Günztal-Radweg noch ein Stück Richtung Süden folgen. Nur so zum Spaß, ohne festes Ziel.

Deisenhausen, die erste Station nach Krumbach

Tourensteckbrief

Krumbach – Deisenhausen (4 km) – Oberbleichen (2 km) – Unterbleichen (1 km) – Wattenweiler (5 km) – Ellzee (3 km) – Ichenhausen (4 km) – Waldstetten (4 km) – Hausen (2 km) – Stoffenried (2 km) – Oberwiesenbach (7 km) – Oberegg (1 km) – Deisenhausen (4 km) – Krumbach (4 km).

Ausgangsort: Krumbach, Bahnhof (512 m, Parkplatz), Zug von Ulm.
Routenlänge: 43 Kilometer.
Fahrzeit: 3 1/2 Stunden.
Höhenunterschied: 200 Meter.
Straßen und Wege: Verkehrsarme Straßen, Wirtschafts-, Forst- und Radwege. Kurze, mitunter deutliche Steigungen.
Für Kinder geeignet: Ja, aber Ausdauer erforderlich.
Auch als Wanderung zu empfehlen: Nein.
Karte: Topographische Karte des Bayerischen Landesvermessungsamtes, Blätter 7726 »Neu-Ulm«, 7728 »Krumbach«, Maßstab 1 : 50 000.

Durch den Klosterbeurer Wald nach Babenhausen

Wo das Allgäu beginnt

Wo genau beginnt eigentlich das Allgäu? Eine gewiss nicht so ohne weiteres zufriedenstellend zu beantwortende Frage, da sich diese wasser- und wiesenreiche Tourismusregion am Alpenrand nie in eindeutige Grenzen fassen ließ. Verwaltungstechnisch betrachtet ist das Allgäu jedenfalls wenigstens so groß wie seine drei Landkreise: das Oberallgäu, das Ostallgäu und das Unterallgäu. Obwohl die nördlichste Region des Unterallgäus, spätestens so etwa ab Mindelheim, und der Ostallgäuer Zipfel um Buchloe im engeren Sinne nicht mehr zum Allgäu hinzugerechnet werden. Dennoch sind beispielsweise die Booser, ja sogar noch die Babenhausener eigentlich Allgäuer.

Zum Landschaftsbegriff Allgäu zählt zusätzlich unbestritten die größte Fläche des Landkreises Lindau sowie ein nicht unwesentlicher Anteil des württembergischen Kreises Ravensburg, eine Ecke des oberbayerischen Landkreises Weilheim-Schongau und dazu auch noch ein paar Tiroler und Vorarlberger Gebiete.

Doch zurück zum Unterland. Naturräumlich gehört sowohl der Landkreis Neu-Ulm wie auch weitgehend das Unterallgäu zu den Iller-

Romantischer Dorfweiher in Reichau

Lech-Schotterplatten. Deswegen wird man beim Wechseln der Kreisgrenzen auch keinerlei landschaftliche Veränderungen feststellen können. Nach den Eiszeiten haben quartäre Schotter die ursprünglich tertiäre Platte überdeckt. Wasserläufe zerschnitten die Region in Teilplatten. Typisch für die heutigen Talzüge ist ein nahezu geradliniger Verlauf von Süden nach Norden. Für den Radwanderer bedeutet dies: Man hat grundsätzlich die Wahl zwischen reinen Erholungsfahrten und einem ständigen Rhythmus aus Genießen und Schinden. Je nachdem, ob man sich von der Richtung der Meridiane oder aber der Breitengrade leiten lässt. Der vorliegende Routenverlauf von der Iller durch den Klosterbeurer Wald ins Günztal erweist sich als eine ausgewogene Mixtur aus beiden Möglichkeiten.

Illeraufwärts

Vom Bahnhof in **Kellmünz** rollen die Räder Richtung Ochsenhausen erst über die Bahnlinie, dann über die Iller und den parallel verlaufenden Illerkanal. Am Ortsanfang von Kleinkellmünz folgen wir auf der württembergischen Seite dem Iller-Radwanderweg südwärts, einem geteerten Wirtschaftsweg. Auf der unbeschwerten Auwaldroute haben wir die künstliche Wasserader als Begleiterin.

Zügig geht's weiter an einem Baggersee vorbei. Jenseits des Damms dehnt sich der lang gezogene Illerstausee Dettingen aus. Auf der Höhe von Kirchdorf steuern wir vor der Unterführung unter der A 7 über den Kanal und auf einer höl-

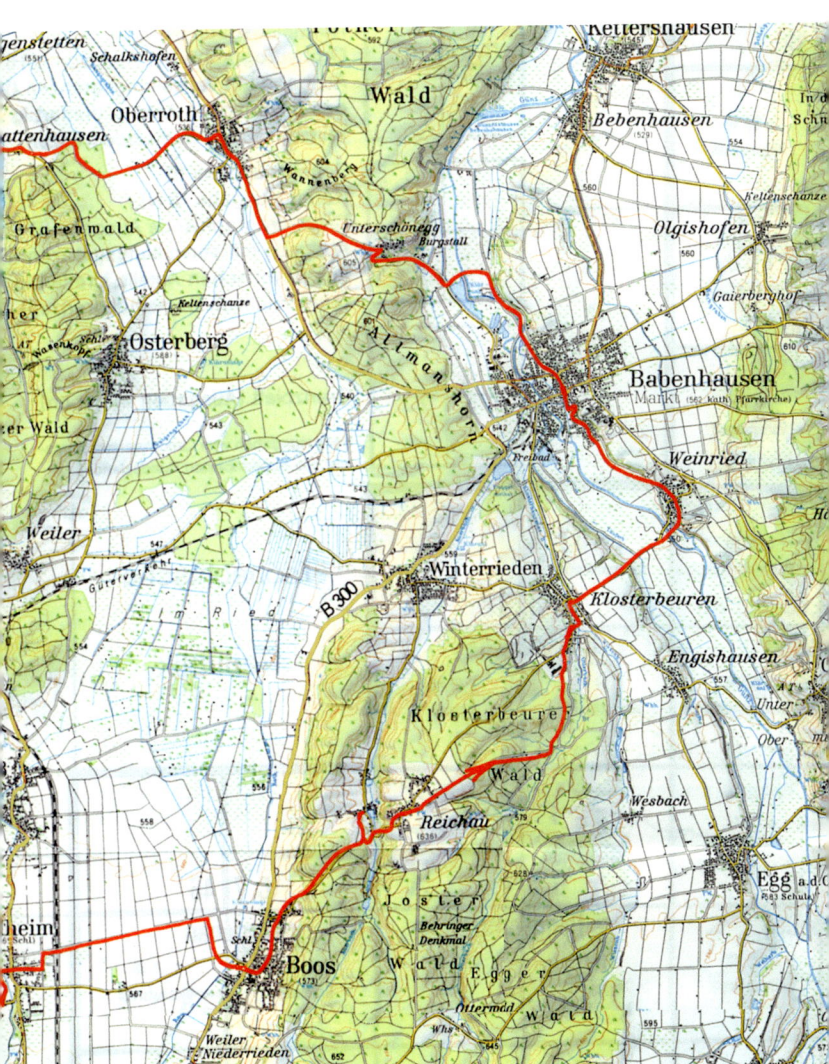

zernen Illerbrücke hinüber ins Unterallgäuer Dorf **Fellheim**, womit wir zurück in Bayern wären. Östlich der ehemaligen Synagoge könnte

man noch dem jüdischen Friedhof einen kleinen Besuch abstatten.

Beim früheren Schloss, heute ein Senioren- und Pflegeheim, neh-

161

Auf dem Iller-Radwanderweg bei Fellheim

men wir die Bahnhofstraße, lenken am alten Bahnhofsgebäude links und queren auf der Äußeren Bahnhofstraße die Geleise. Ohne jegliche Anstrengung bringt uns ein Wirtschaftssträßchen über die Schotterebene des Illertals. Wir fahren unter einer Hochspannungsleitung hindurch und halten uns an der Hauptkreuzung auf die Kirche von **Boos** zu.

Über die Roth erreicht man das Straßendorf mit dem ehemaligen Fuggerschloss und passiert auf der Fuggerstraße den Kneipp-Brunnen. Der bekannte »Wasserdoktor« war in den Jahren 1853 und 1854 Kaplan in Boos und behandelte hier auch seine ersten Patienten mit der von ihm entwickelten Wasserkur. Den ehrenden Beinamen Cholera-Kaplan erhielt er wegen seiner gro-

ßen Erfolge bei der Bekämpfung der Cholera im Ort.

Unterallgäuer Idylle Reichau

Der Radwegweiser »Reichau« leitet in die Sebastian-Kneipp-Straße. Die Überwindung der anschließenden stimmungsvollen Mischwaldkuppe auf kaum befahrener Straße verlangt einen engagierten Antritt. Gleich am Ortsanfang des Booser Ortsteils **Reichau** weist das Radtäfelchen »Winterrieden« zu einem idyllischen Weiher am Fuße eines während der Herbstzeit in den unterschiedlichsten Gelb- und Orangetönen leuchtenden Höhenzugs. Das vom Auerbach gespeiste Gewässer lohnt den unbedeutenden Abstecher auf jeden Fall. Es ist gewiss nicht übertrieben, diesen charakte-

Die Günz in Weinried

ristischen Dorfwinkel als einen der Glanzpunkte des Unterallgäus zu bezeichnen.

Zurück auf der Hauptroute heizt die Waldsteige zur Ortsmitte nochmals ordentlich ein. An der Verzweigung nach der Kirchenkurve radeln wir rechts und an der Kreuzung beim Ortsende geradeaus. Der nun durch den Klosterbeurer Wald leitende Forstweg erfreut uns bald mit einer köstlichen Abfahrt.

Nach einer Forsthütte kommen wir zu einer Kreuzung mit Marienbildern. An der folgenden Gabelung, kurz vor der Otterbachbrücke, links durch Jungwald pedalierend kann man weiterhin die Einsamkeit genießen.

In dem zu Babenhausen gehörenden Dörfchen **Klosterbeuren** verbindet sich der Otterbach mit

dem Wiesenbach zum Klosterbeurer Bach. Wir richten uns anfangs nach dem Wegweiser »Babenhausen«, wählen dann aber die stillere Route mit kleinem Anstieg über den Oberschönegger Ortsteil **Weinried**. Östlich der Günz grüßt außerhalb von Oberschönegg der weithin sichtbare Römerturm, Wahrzeichen der Gemeinde und Bergfried der 1462 niedergebrannten Burg Altschönegg.

Fuggerschlösser und blitzsaubere Kirchen

Auf dem Günztal-Radweg treffen wir im Marktflecken **Babenhausen** ein, der durch seine Schlosskonzerte Bedeutung erlangt hat. Der staatlich anerkannte Erholungsort ist Unterzentrum und Sitz der größten Ver-

Das ehemalige Fuggerschloss von Babenhausen

waltungsgemeinschaft im Landkreis Unterallgäu. Das ehemalige Fuggerschloss aus dem Jahr 1539 mit seinen markanten Staffelgiebeln stammt von Anton Fugger und ist in Privatbesitz. Besucht werden kann aber der hübsche Schlosspark. Das hier befindliche Fuggermuseum beherbergt ansehnliche historische Ausstellungen und viele alte Kunstwerke.

Wir folgen weiterhin der Radwanderroute und achten unter der Kirche genau auf die Beschilderung. Ein Stück geht's an einem wilden, geschützten Auwald entlang. An der nächsten Verzweigung verlassen wir die Pedalroute und queren links das Wiesental mit der Günz. Nach einem Baggersee wechselt unser Kurs in den Landkreis Neu-Ulm. Auf der ansteigenden Vorfahrtsstraße gelangt man nach Unterschönegg, einem Babenhausener Weiler. Dabei fordert uns die bei einem beachtenswerten Flurkreuz ansetzende, 14 Prozent steile Waldsteigung ein gehöriges Maß an Kondition ab.

Gleich am auffallend schönen Kirchlein rollen wir auf einem ruhigen Sträßchen – zur Rechten breitet sich der Oberrother Wald aus – mit beschwingter Abfahrt zurück ins bereits bekannte Tal der Roth, nach **Oberroth**. Die Ortschaft ist Mitgliedsgemeinde der Verwaltungsgemeinschaft Buch. Von der Kirche führt uns ein flaches Sträßchen über das heute trockengelegte Illereicher Ried und durch ein erholsames Waldgebiet nach **Dattenhausen**.

Dort die Altenstadter Route einschlagend verlangt uns der letzte kleine Kraftakt für heute hinüber nach **Illereichen** noch einmal ein paar Schweißtropfen ab. Das hoch über dem Illertal angesiedelte Dorf ist, wie Dattenhausen auch, ein Ortsteil des Marktes Altenstadt. Der ansprechend gestaltete Kirchturm lohnt eine Besichtigung. Daneben lenkt ein Torturm aus der zweiten Hälfte des 16. Jahrhunderts den Blick auf sich. Er ist Bestandteil des ehemaligen Schlosses Aichheim.

Wir radeln zurück zur Dorfmitte und dirigieren die Drahtesel durch ein weiteres Tor abermals Richtung Altenstadt. An der abknickenden Vorfahrt steuern wir in die Osterberger Straße und kurz darauf durch die Autobahn-Unterführung. Hinter einem auftauchenden Flurkreuz hält man sich am Straßenende rechts und genießt die entspannende Etappe am Hochrand des Illertals auf einem Forstweg durch den Illereicher und Kellmünzer Wald. Man strampelt dabei stets geradeaus, bis der Wanderwegweiser am Heuberg auf das Abfahrtsfinale nach **Kellmünz** lenkt.

Neben dem liebevoll gestalteten Kirchturm von Illereichen steht das einstige Schloss Aichheim.

Tourensteckbrief

Kellmünz – Fellheim (7 km) – Boos (4 km) – Reichau (4 km) – Klosterbeuren (5 km) – Weinried (2 km) – Babenhausen (3 km) – Oberroth (7 km) – Dattenhausen (4 km) – Illereichen (3 km) – Kellmünz (7 km).

Ausgangsort: Kellmünz an der Iller, Bahnhof (541 m, Parkplatz), Zug von Ulm.
Routenlänge: 46 Kilometer.
Fahrzeit: 4 Stunden.
Höhenunterschied: 280 Meter.
Straßen und Wege: Wirtschafts- und Forstwege, ruhige Gemeindestraßen. Kurze, aber kräftige Steigungen.
Für Kinder geeignet: Ja (Ausdauer erforderlich).
Auch als Wanderung zu empfehlen: Nein.
Karte: Topographische Karte des Bayerischen Landesvermessungsamtes, Blatt 7926 »Babenhausen«, Maßstab 1 : 50 000.

Ortsregister